HISTÒRIES *per a* NENES *i* NENS EXTRAORDINARIS

ESCRIT PER AMANDA LI
IL·LUSTRAT PER AMY BLACKWELL
DISSENYAT PER KIM HANKINSON I JACK CLUCAS

Estrella Polar

ÍNDEX

INTRODUCCIÓ

Hi ha alguna cosa que sempre hagis volgut fer, però et fa por que sigui impossible? Et preguntes com actuaries si en algun moment et trobessis en una situació perillosa?

Descobreix històries reals increïbles de noies i nois d'arreu del món que han superat aquests reptes enfrontant-s'hi. Han sobreviscut a atacs de tauró, han escalat muntanyes i han fugit d'allaus. Són ecologistes, activistes, inventors i inventores, que, a poc a poc, estan desafiant el món.

Explora les habilitats i els consells que poden ajudar-te a seguir els seus passos i a fer-te camí entre els reptes que et vagis trobant. Aprèn a sobreviure en situacions extremes i descobreix consells pràctics per fer sentir la teva veu.

Prepara't per conèixer persones atrevides, somiadores, emprenedores, que no van tenir por d'alçar-se i fer realitat els seus somnis, i anima't a compartir la teva pròpia història amb el món.

«UN LLIBRE INSPIRADOR QUE EXPLICA 29 HISTÒRIES DE NENS I NENES INCREÏBLES. NENS I NENES QUE HAN TRIOMFAT, S'HAN SUPERAT I HAN PERSEVERAT. NENS I NENES QUE FARIEN QUE LA MAJORIA DELS ADULTS S'AVERGONYISSIN DE SI MATEIXOS!».

KONNIE HUQ

LA HISTÒRIA DE LA VALENTA

GRETA THUNBERG

SUÈCIA

La Greta es movia intentant trobar una posició còmoda. Les llambordes del terra on estava asseguda eren dures i estaven fredes. La gent passava, la miraven a ella i, de reüll, el cartell que havia fet. Feia sis hores que estava sola, asseguda davant el Parlament suec.

GAIREBÉ ERA L'HORA DE MARXAR PERÒ AVIAT HI TORNARIA.

Era divendres 20 d'agost de 2018. La Greta va prometre's a si mateixa que a partir d'aleshores seuria allà cada divendres, tant si plovia com si nevava. No es rendiria perquè hi havia massa en joc. El futur del planeta estava en perill, no podia permetre que el canvi climàtic fos ignorat.

Amb 8 anys, la Greta va aprendre què era el canvi climàtic i es preguntava per què no es feien més coses per aturar-lo. La seva família i ella feien tot el que estava al seu abast per reciclar la brossa, no malgastar aigua, i procuraven anar amb bicicleta en lloc de fer-ho amb cotxe. La Greta fins i tot es va fer vegana per reduir l'impacte sobre el canvi climàtic.

Aleshores, l'estiu del 2018, una onada de calor duríssima va colpejar Europa i a Suècia hi va haver uns focs devastadors. La Greta era incapaç d'ignorar la situació. Sabia que allò havia passat a causa del canvi climàtic. Tenia 15 anys i va adonar-se que havia de fer alguna cosa per la seva generació i les generacions futures.

I VA DECIDIR FER VAGA.

Amb una taula de fusta va fer un cartell on deia «Skolstrejk För Klimatet», «Vaga escolar contra el canvi climàtic». Aquell dia en lloc d'anar a l'escola va anar amb bici fins al Parlament i va seure a fora. Es faria sentir. Aconseguiria que el govern i les grans empreses es fixessin en ella i prenguessin mesures urgents contra el canvi climàtic.

El primer dia va estar sola. El segon s'hi van afegir unes quantes persones.

DES D'ALESHORES NO HA ESTAT MAI SOLA.

A poc a poc, milers d'alumnes de més de cent països de tot el món s'hi han unit fent vagues climàtiques cada divendres.

La Greta va començar un moviment anomenat «divendres pel futur». Ha sortit a la televisió i ha difós les seves idees fent xerrades TED i parlant en importants esdeveniments internacionals, com la Conferència de l'ONU sobre el canvi climàtic.

I per a la Greta, l'assoliment és encara més gran, ja que té la síndrome d'Asperger i sovint li costa comunicar-se amb la gent. Però no deixa que això s'interposi en el seu objectiu. Sap que frenar els efectes del canvi climàtic és el més important del món.

El seu missatge és clar: aquesta és la pitjor amenaça a la qual s'ha enfrontat la humanitat i cal que passem a l'acció.

QUÈ HI POTS FER?

AQUESTS PETITS CANVIS MARQUEN UNA GRAN DIFERÈNCIA:

No facis sevir el cotxe per a trajectes curts. Ves-hi caminant. Et posaràs en forma i estaràs ajudant el medi ambient al mateix temps.

Quan surtis d'una habitació apaga sempre el llum.

No deixis el televisor ni l'ordinador en *standby*. Desendolla'ls.

Recicla tot el que puguis i procura no comprar coses envasades.

No malgastis aigua, tanca l'aixeta quan et rentis les dents. Dutxa't en lloc de banyar-te.

Compra menys i fes servir menys coses. Pregunta't si realment necessites una cosa abans de comprar-la.

Menja menys carn. Les granges d'animals contribueixen al canvi climàtic. Substitueix alguns àpats amb alternatives veganes com hamburgueses vegetarianes o proteïna de soja.

QUÈ ÉS EL CANVI CLIMÀTIC?

El nostre planeta s'està escalfant lentament. El canvi del clima està fent que el temps sigui més extrem. Amb l'augment de la temperatura algunes parts del món s'estan tornant més humides i d'altres més seques i càlides.

Els arbres i les plantes absorbeixen el diòxid de carboni. Quan talem boscos per obtenir fusta o altres productes provoquem que hi hagi menys arbres per desfer-nos del diòxid de carboni.

El canvi climàtic està provocat sobretot per l'home. Els nostres cotxes, avions, cases, granges i fàbriques fan servir combustibles que desprenen gasos que atrapen la calor del sol.

Si el canvi climàtic continua tindrà un greu efecte sobre el futur dels animals, les plantes i l'home.

COM SER ACTIVISTA MEDIAMBIENTAL

1. **Informa't.** Aprèn tot el que puguis sobre el canvi climàtic, les seves causes i els seus efectes. I per què no comences un ecoclub a l'escola o amb els teus amics?
2. **Dedica temps a la causa.** Fes un voluntariat o demana ajuda de la manera que puguis.
3. **Fes-te sentir.** Compartir les teves opinions pot fer que altra gent canviï la seva actitud.
4. **No et rendeixis.** Provocar un canvi pot trigar però mereixerà la pena. Tota l'ajuda és necessària!

XIUHTEZCATL MARTÍNEZ

EUA

Xiuhtezcatl Martínez va aprendre des de ben petit que protegir la Terra era responsabilitat de tothom. Compatir la seva visió sobre això s'ha convertit en la seva missió i fa servir el rap com a altaveu. És el jove director dels Earth Guardians, els guardians de la Terra, un grup d'activistes, artistes i músics de tot el món que treballen plegats per incentivar canvis a les seves comunitats. Cantant de hip-hop, activista, veu de la seva generació, Xiuhtezcatl Martínez està canviant el món a poc a poc, dia a dia, cantant a concerts o xerrant en protestes.

LES ENGINYOSES IDEES DE

WILLIAM KAMKWAMBA

MALAWI

El William feia equilibris sobre la torre de fusta i bambú que ell mateix havia construït.

Es tractava d'un aparell estrany. Tenia una roda de bicicleta vella enganxada a la part superior, un gran ventilador en un dels costats i diverses parts d'altres màquines. Va bufar el vent i les aspes del ventilador van començar a girar. El William va aixecar la bombeta que estava unida a la maquinària. La bombeta va parpellejar i es va apagar. Però de cop es va encendre.

«Ha fet llum!», va cridar la multitud que s'agrupava a sota del noi. Tenien raó. El William havia aconseguit produir electricitat. Però com?

Un mesos abans, el William, que tenia 14 anys, estava a la biblioteca intentant no pensar en la gana que tenia. No era una gana normal: era fam. Aquell any, la collita de blat de moro de Malawi no havia anat bé i quasi no hi havia res per menjar. La gent moria de gana i es venien qualsevol cosa per poder comprar una mica de gra. Ningú tenia ni menjar ni diners. El William anava a la biblioteca per aprendre coses, ja que la seva família no podia pagar el que costava l'escola.

Un llibre titulat *Utilitzar l'energia* li va cridar l'atenció. Sempre li havia interessat entendre com funcionaven les coses i es passava hores arreglant ràdios velles. A la portada s'hi veien unes torres altes i grises amb unes grans aspes giratòries. Estava intrigat. El va fullejar per aprendre'n més. Aquelles màquines es deien turbines de vent i feien servir l'energia del vent per produir electricitat. Que emocionant! Si el William tenia un molí, potser podria fer electricitat per il·luminar les nits fosques de

«HA FET LLUM!»,
VA CRIDAR LA MULTITUD.

Malawi. Potser podria bombejar aigua fins als camps per fer créixer els conreus. l'electricitat seria la resposta a molts problemes de la seva família.

El William es va posar a treballar de seguida. Sabia què volia fabricar, però trobar els materials adequats per fer-ho no era fàcil, ja que al seu voltant només hi havia ferralla. Va fer servir moltes coses diferents: un estenedor, un quadre de bicicleta vell, canonades de plàstic. Va escalfar i aplanar les canonades per després tallar-les per fer les aspes del molí.

Va trigar molt de temps per aconseguir tot el que necessitava, però després de mesos de molta feina, finalment, va construir el molí.

EL MOMENT EN QUÈ VA FER ELECTRICITAT PER PRIMERA VEGADA VA SER INCREÏBLE!

El molí produïa electricitat per encendre quatre bombetes i dues ràdios a casa de la seva família. De sobte, tot el poble volia tenir-ne un.

Gràcies al seu molí el William va rebre molta atenció. Va ser convidat a fer una xerrada TED per parlar de la seva idea, i sobre el somni que té de construir un molí més gran per ajudar el seu poble. El discurs va ser tot un èxit i va rebre molta ajuda i molts consells de gent que va conèixer a la xerrada. Des d'aleshores ha estat treballant en molts projectes relacionats amb la idea. Molts són sostenibles, com l'energia solar i l'electricitat per a les llars, un pou d'aigua amb una bomba que funcionaria amb energia solar per tenir aigua neta, i sistemes d'irrigació per als conreus. El William té moltes idees brillants. La seva ment enginyosa demostra que amb molt poc es poden aconseguir grans coses.

ON ÉS ARA?

La història del William s'explica al llibre i a la pel·lícula *El nen que va domar el vent*. Ara està treballant en un projecte que encoratja els joves a seguir els seus passos i a crear coses pràctiques per millorar les seves vides i les de la seva comunitat.

COM SER INVENTOR

1. Mira el món que et rodeja i troba un problema que necessiti solució.
2. Sigues creatiu! Fes servir la imaginació per pensar una manera diferent d'utilitzar les coses.
3. Tingues una llibreta per anotar-hi coses i fer esborranys de les teves idees.
4. Crea un prototip, un model de la teva idea que funcioni.
5. Prova la teva idea. Pregunta a la teva família i a les teves amistats què els sembla.
6. Fabrica el teu producte! Investiga una mica i demana a un adult que t'ajudi a contactar amb empreses que potser estiguin interessades a fabricar-lo!

MESURES ECOLÒGIQUES A CASA

Seguint aquests senzills passos seràs més respectuós amb el medi ambient.

Fes servir menys aigua. Fes dutxes més curtes i no deixis l'aixeta oberta mentre et rentes les dents.

Pensa en com et desplaces. Si pots, ves a peu o en bici. Si has de fer servir un transport agafa l'autobús o comparteix el viatge en cotxe amb els amics.

Estalvia energia sempre que puguis. Apaga els llums quan surtis d'una habitació i fes servir el mode ecològic en tots els teus aparells.

ANN MAKOSINSKI

CANADÀ

Ann Makosinski es va inventar la lot termoelèctrica quan només tenia 15 anys. La llum es produeix amb l'escalfor que fa la mà que la sosté. Va tenir la idea de crear-la després de sentir que una amiga seva de Filipines tenia problemes per estudiar quan es feia fosc, ja que a casa seva no podien permetre's pagar l'electricitat.

EL VICTORIÓS VIATGE DE LAURA DEKKER

NOVA ZELANDA

***Guppy*, el veler de la Laura, semblava molt petit entre les gegants onades de la tempesta que el sacsejaven.**

El vent xiulava i bramava. Dins la cabina, la Laura intentava fer tot el que estava al seu abast. Mentre l'aigua colpejava els ulls de bou, tremolava. De sobte es va sentir un fort soroll i la Laura va sortir volant i va caure sobre una taula. Les portes dels armaris es van obrir i els bols van rodolar pel terra. Un remolí d'aigua i espuma va omplir el veler en caure sobre la *Guppy* una onada gegant.

La Laura va aconseguir posar-se de peu i arribar a la coberta. Calia que afermes la vela, per fer-la més petita i així disminuiria la velocitat del vaixell. Xopa, balancejant-se, va sortir a la coberta i a cegues va buscar la vela per enrotllar-la. Aquella nit no podria dormir.

La Laura estava navegant pel cap de Bona Esperança, a Sud-àfrica. Anava sola i tan sols tenia 16 anys. Durant el viatge havia patit moltes experiències alarmants. Una balena gairebé li tomba l'embarcació, diversos vaixells de carrega quasi van envestir la *Guppy*, i els forts vents van esmicolar les veles, sense oblidar les ones de vuit metres d'alçada que la van colpejar.

I estava molt sola. A vegades l'única companyia que tenia eren les cuques que vivien a la *Guppy* i els peixos voladors que de tant en tant aterraven a la coberta. Tot i que els moments especials compensaven: que la seguís un grup de dofins saltant, veure les millors postes de sol sobre l'oceà i arribar a cada nou port i ser rebuda per amics i aficionats.

ANAVA SOLA I NOMÉS TENIA 16 ANYS.

Només tenia 8 anys quan va decidir que la seva ambició era fer la volta al món navegant. Durant els anys següents, el seu pare li va ensenyar tot el que sabia sobre navegació, des de navegació marítima fins a entendre la direcció del vent. La Laura va fer moltes pràctiques i va aprendre primers auxilis, per si es feia mal. Es va acostumar a dormir només una o dues hores durant les travesses. Als 13 anys ja havia viatjat sola dels Països Baixos, on vivia, fins a Anglaterra.

Ja estava preparada per planejar la seva gran aventura. El seu viatge al voltant del món la duria a l'illa caribenya de Sant Martí, a creuar el Pacífic, l'Índic i l'Atlàntic, fins a tornar a Sant Martí després de fer 27.000 milles nàutiques (50.000 km). Durant el camí pararia a diferents llocs per comprar menjar i provisions d'aigua i per contactar amb la seva família. El 21 d'agost de 2010, la Laura va sortir de Gibraltar i va navegar fins a les illes Canàries per començar la travessa de l'Atlàntic fins a Sant Martí.

Un any i cinc mesos després va arribar triomfant al port de Sant Martí. L'acompanyava un grup de vaixells que l'anava animant, un d'ells conduït pels seus pares. La Laura va saludar la multitud d'aficionats que l'animaven.

Ho havia aconseguit. S'havia convertit en una de les persones més joves a donar la volta al món en vaixell i sola. Tot un èxit!

COM FER UN NUS PLA

El nus pla és un nus mariner que es fa servir sovint per lligar una part d'una vela mentre s'encuixa, enrotllant-la per fer-la més petita. Es lliga així:

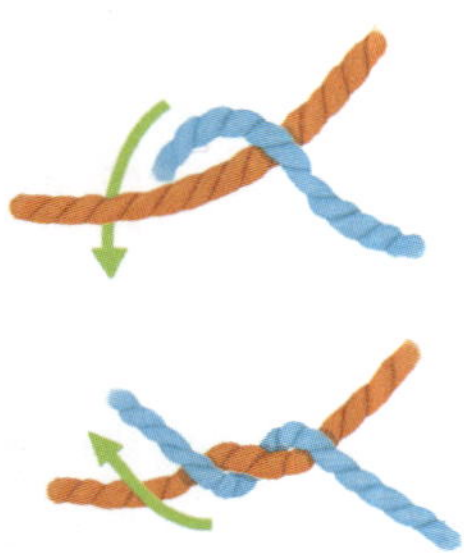

1. Agafa dues cordes. Pren l'extrem dret (blau) i posa'l a sobre de l'esquerre (taronja). Aleshores passa'l per sota de la corda esquerra.

2. Després passa l'extrem esquerre per sobre del dret.

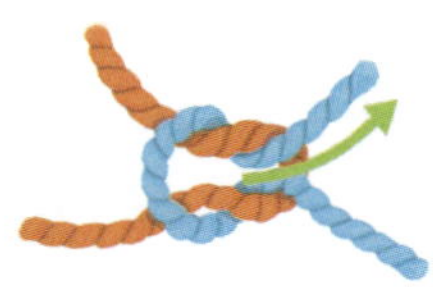

3. Passa l'extrem esquerre per sota del dret.

4. Estira els dos extrems amb força per estrènyer el nus.

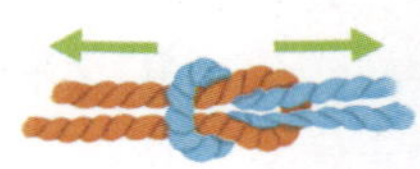

EMERGÈNCIA!

CONSELLS SOBRE QUÈ FER EN CAS QUE ALGUNA COSA VAGI MALAMENT AL MAR

Envia un missatge de socors per la ràdio o el telèfon satèl·lit.

Envia un missatge SOS utilitzant us sistema de punts i ratlles que es diu codi Morse. Un SOS són tres punts, tres ratlles i tres punts més.

Activa la radiobalisa d'emergència: un retransmissor electrònic que si estàs en perill avisa els rescatadors de la teva localització.

Encén una bengala d'emergència: un aparell que es dispara cap al cel i fa una llum molt intensa i fum de color. Pots fer altres senyals amb soroll, torxes, lots o miralls.

Hissa la bandera d'emergència: els mariners tenen unes banderes especials amb les quals es comuniquen.

COM ENVIAR UN MISSATGE DE «SOS»

1. Prem el botó d'auxili de la ràdio.
2. Parla clar, alt i a poc a poc.
3. Digues «socors, socors, socors. Aquí [el nom de la teva embarcació, tres vegades]. Socors».
4. Explica on ets i descriu la teva emergència.
5. Digues «tallo» per deixar clar que has acabat el missatge i deixa anar el botó.

PLANIFICA EL VIATGE

Si estàs planejant una travessia, has de preparar-te bé.

Emporta't aigua de sobres.

Agafa provisions de menjar per emergències que et puguin durar un mínim de 24 hores.

Assegura't que tens un lloc sec i calent on dormir.

Emporta't un mapa i un pla detallat de la ruta.

Avisa sempre a algú de quin és el teu pla i dona-li una còpia de la ruta per a situacions d'emergència.

EL BALL DRAMÀTIC DE

JOEL KIOKO

KENYA

Des del fons de l'auditori, el Joel mirava l'actuació que uns ballarins feien a la seva escola. Li semblava un estil de dansa molt estrany. Mai no havia vist res així a Kenya. Però li agradava com els ballarins saltaven a l'aire, com atletes elegants. Sempre se li havia donat bé saltar ben amunt i fer tombarelles, i va pensar que li agradaria provar la dansa. Els seus amics se'n van riure, però ell els va ignorar i es va apuntar a la classe gratuïta.

Tres anys més tard, amb 13 anys, el Joel assajava girs i voltes amb regularitat a la seva classe de ballet. No hi havia ni barra,

ni mirall, només una sala buida i desolada, però no li importava. Estava acostumat a no tenir gaire espai. Vivia amb la seva mare, la seva germana, la seva tieta i la seva àvia, en una petita barraca en un barri pobre, Kuwinda, a Nairobi. Allà la gent patia molt per guanyar-se la vida, i el Joel no coneixia a ningú que volgués ser ballarí. Els seus amics a vegades se'n reien d'ell i la seva afició, però no li importava. Ara el ballet era la seva vida, una cosa que feia molt bé. Estava orgullós de si mateix.

Un dia, es va fixar en una noia que va entrar a la classe. Es va esforçar per fer un *grand jeté* perfecte, un salt que és gairebé com fer l'espagat a l'aire. La noia va quedar molt impressionada. Qui era aquest noi que podia saltar tan amunt? Va parlar a la seva professora, Cooper Rust, del jove talentós que acabava de conèixer. Quan la Cooper va veure el Joel, va pensar que la noia tenia raó i va decidir ajudar-lo tant com pogués.

Amb el suport de la Cooper i molt esforç, el Joel va aprovar els exàmens de ballet amb la nota més alta i va poder fer un entrenament especial en una escola de ballet dels Estats Units. També va poder fer un primer tast dels escenaris, amb un paper de ballarí principal al *Trencanous*, al Teatre Nacional de Kenya.

Ara el Joel és el jove ballarí més prometedor de Kenya.

S'HA FET FAMÓS PELS SEUS SALTS ALTÍSSIMS, QUE SEMBLA QUE DESAFIÏN LA LLEI DE LA GRAVETAT.

Només té 17 anys, però ja ha aconseguit una beca per a una de les escoles de dansa més respectades del món, l'Escola Nacional de Ballet d'Anglaterra. Està encaminat a ser un ballarí professional, però, per molt famós que acabi sent, té clara una cosa: mai no oblidarà d'on prové.

ON ÉS ARA?

El seu somni és ser ballarí professional i actuar per tot el món. Li agradaria obrir un estudi a Nairobi per ensenyar dansa als nens del carrer.

DONA VOLTES SENSE MAREJAR-TE

T'has preguntat alguna vegada com s'ho fan els ballarins per donar voltes sense marejar-se? Fan una cosa que s'anomena «spotting». Així:

1. Posa't recte i mira endavant.
2. Escull un punt que estigui a l'alçada dels teus ulls i mira'l fixament.
3. Ara comença a donar la volta. Quan giris el cos, gira el cap ràpidament perquè torni a la posició inicial. Hauries de tornar a mirar el mateix punt una altra vegada. Això t'ajuda a mantenir-te estable i evitar el mareig.
4. Practica! Com més vegades ho facis, més fàcil se't farà. Hi ha ballarins que amb molta pràctica poden donar moltes voltes seguides sense marejar-se gens.

COM GUANYAR FORÇA I APTITUD FÍSICA

Esquats. De peu, separa els peus a la mateixa distància a la qual tens les espatlles i estén els braços cap endavant. Mantén l'esquena recta i doblega els genolls fins que estiguin gairebé en angle recte. Torna a pujar i repeteix.

Caminar. Caminar ràpid estimula el cor, els pulmons i la circulació, el sistema cardiovascular.

Fons. De peu, amb els peus a l'alçada dels malucs, doblega lleugerament els genolls i estira una cama cap enrere, fins que el genoll toqui gairebé a terra. Aleshores torna cap amunt i repeteix amb l'altra cama.

Flexions. Estira't de bocaterrosa, aguantant-te sobre els dits dels peus i els palmells. Mantén les cames i l'esquena recte, aguanta deu segons, descansa i repeteix deu vegades.

Salt d'estel. De peu, amb les cames juntes i els braços als costats. Salta i estén els braços i les cames, formant un estel amb tot el cos abans de tornar a la posició inicial.

LES VERTIGINOSES ALTURES DE POORNA MALAVATH

ÍNDIA

L'Everest: la muntanya més alta del món. La Poorna era molt a prop del cim. Només li quedava un últim obstacle: el cim sud. Una cresta gegant de neu, terriblement empinada i amb penya-segats de més de 300 metres a cada costat. La Poorna se sentia dèbil i cansada. D'on trauria l'energia per continuar escalant? Mentre mirava el repte que tenia davant seu una cosa al costat de la cresta li va cridar l'atenció. Semblava una persona estirada a la neu. Va parar. Era una persona.

La Poorna sabia com n'era de perillós l'Everest.

Però veure allò la va fer recordar com en seria de difícil. Aquella persona era un escalador que no ho havia aconseguit. L'havien deixat allà, congelat a la neu, ja que no hi havia cap manera de baixar-ne el cos per aquella muntanya mortal. La Poorna havia de ser valenta i recordar-se a si mateixa per què ho feia. Volia demostrar que les noies podien fer-ho tot, i no es rendiria en aquell moment. Va agafar aire i va seguir endavant, i cap amunt.

El moment en què va arribar al cim va ser increïble. Després de cinc setmanes d'un ascens lent i dolorós, finalment era allà, al cim del món. Era el 25 de maig de 2014, i la Poorna acabava de convertir-se en la noia més jove que havia coronat l'Everest, amb 13 anys i 11 mesos d'edat. Va hissar la bandera de l'Índia que havia dut i la va mirar amb orgull onejant al capdamunt de l'Everest. Però no podia quedar-s'hi gaire estona. Al cap d'un quart d'hora l'equip havia d'iniciar el descens. Tothom sabia que el descens era fins i tot més perillós que l'ascens. Però la Poorna estava preparada. Ella i el seu company s'havien passat vuit mesos entrenant a la muntanya. Acostumar-se a la falta d'oxigen de les altures va ser especialment difícil. Estaven a 8.848 metres per sobre del nivell del mar i la Poorna havia vomitat quasi cada

dia mentre el seu cos s'adaptava a l'aire de la muntanya. El menjar de l'expedició també la feia vomitar.

Costa de creure que la Poorna no hagués fet muntanyisme de petita. Era filla d'uns grangers pobres d'un petit poble de Telengana, Índia. Normalment, les nenes com ella no tenien l'oportunitat de pujar muntanyes.

Tanmateix, la Poorna va tenir sort: quan encara anava a l'escola va ser escollida per participar en una expedició. Des d'aquell moment es va esforçar molt per afrontar els reptes per pujar l'Everest. I n'hi havia molts. El vent de la muntanya pot arribar a assolir els 280 km/h i la temperatura pot baixar fins als 60 °C sota zero. La Poorna havia aconseguit el seu somni.

La seva força de voluntat i la seva perseverança l'han fet guanyar-se un lloc als llibres de rècords, demostrant alhora que les noies sí que ho poden fer tot.

PERILLS DE L'EVEREST

QUASI 300 ESCALADORS HAN MORT A L'EVEREST. ALGUNS DELS RISCOS SÓN:

- Quedar enterrat per una allau
- Caure en una profunda esquerda de gel
- Quedar atrapat en una tempesta de neu
- Tenir hipotèrmia: quan la temperatura del cos baixa a causa del fred
- Mal d'altura: a aquestes altituds pot ser terrible

COM FER UN AUTOARREST AMB PIQUETA SOBRE EL GEL

Si caus a la muntanya amb un autoarrest amb piqueta sobre el gel podràs frenar la relliscada.

- Tingues sempre la piqueta a mà per si caus. Agafa-la com un bastó, amb el pic encarat cap enrere mentre camines.
- No portis la piqueta lligada a la motxilla: no tindràs temps d'agafar-la en cas d'emergència.
- Si caus, posa't boca amunt i amb els peus cap avall. Actua amb rapidesa, ja que com més triguis, més s'accelerarà la caiguda i més difícil serà parar.
- Clava el pic a la neu, just per sobre l'espatlla. Al mateix temps, gira't i posa't boca avall per estar damunt la piqueta.
- Agafa bé el cap de la piqueta i aixeca el teu cos cap a ell.
- Si corbes l'esquena i aixeques la panxa de la neu, posaràs més pes sobre el pic i serà més fàcil parar la caiguda.

MAL D'ALTURA

ELS SÍMPTOMES:

Mal de cap

Cansament

Mareig

Quedar-se sense alè

Nàusees i vòmits

Pèrdua de la gana

COM EVITAR-HO:

- Ves a poc a poc. Pujar massa de pressa fa que et trobis malament, de manera que val més anar a un pas lent però estable des del principi.
- Si comences a trobar-te malament, descansa fins que et trobis millor.
- Si comences a notar algun dels símptomes, hauries de baixar 500 metres fins que els símptomes se't passin. Si pots caminar en línia recta sense perdre l'equilibri, vol dir que pots seguir pujant. Si no, hauries de baixar de la muntanya.

EL PENSAMENT CREATIU DE
BOYAN SLAT

PAÏSOS BAIXOS

El mar blau brillava sota el sol grec. Boyan Slat, de 16 anys, es divertia a les vacances. Es va posar bé les ulleres de busseig, va comprovar una última vegada la bombona d'oxigen i va saltar de la barca. Li feia molta il·lusió explorar el món submarí. Potser tindria sort i veuria un pop.

Al cap de vint minuts, el Boyan no estava gaudint tant com s'esperava. Sí, hi havia alguns peixets bonics, però sobretot hi havia bosses de plàstic velles, centenars, flotant pel mar després d'haver estat llençades a la paperera. El Boyan va notar que s'enfadava. Per què la gent llançava tant plàstic al mar? Què els passaria als animals marins si això seguia així?

Quan va tornar a casa seva, als Països Baixos, va decidir buscar informació sobre què s'estava fent per resoldre el problema. Aviat ho va descobrir. Res. Ningú no feia res per treure la brossa del mar. El Boyan sabia que si no feia alguna cosa, algun dia el mar estaria completament ple de plàstic. Sempre se li havia donat bé trobar solucions, però aquest era un repte gegant. Va pensar en totes les maneres possibles de treure el plàstic del mar.

Les xarxes podrien atrapar-lo però també atraparien els animals, o sigui que no servien. Fer servir màquines contaminaria el mar a causa del combustible.

ALESHORES HI VA CAURE.
I SI FEIA SERVIR L'ENERGIA DEL MAR?

Emocionat, va començar a traçar el seu disseny, un aparell que recolliria el plàstic sense fer mal al medi ambient. Va dissenyar un invent brillant.

El que ara s'anomena The Ocean Cleanup és un sistema de barreres format per tubs flotants, amb una faldilla gegant que atrapa el plàstic que hi ha a la superfície. La faldilla està ancorada de manera especial perquè es mogui amb els corrents marins, però més

a poc a poc que les peces de plàstic. Així s'assegura d'atrapar-lo. Els animals marins poden nedar amb seguretat per sota. Quan està ple, el plàstic pot ser recollit i reciclat.

El Boyan va recaptar diners a través d'una campanya de micromecenatge per poder arrencar el seu projecte. Han fet falta anys de molt esforç, però el Boyan ha treballat de manera incansable per protegir l'oceà. El seu somni és que d'aquí a cinc anys s'hagi pogut eliminar la meitat de l'illa d'escombraries del Pacífic. Es tracta d'una àrea immensa plena de deixalles, majoritàriament plàstics, que es troba enmig de l'oceà, entre Hawaii i Califòrnia, i és el doble de gran que Texas.

Tothom està molt il·lusionat amb la idea del Boyan, que la revista *Time* va seleccionar com un dels millors 25 invents del 2015. També va rebre el premi guanyador del programa de les Nacions Unides per al Medi Ambient. I molts més. Però per al Boyan el més important sempre ha estat desfer-se del plàstic. I amb la seva brillant idea això podria passar abans del que ens pensem.

PER AL BOYAN EL MÉS IMPORTANT SEMPRE HA ESTAT DESFER-SE DEL PLÀSTIC.

EL PROBLEMA DEL PLÀSTIC

- Cada any es llencen al mar unes vuit tones de plàstic.
- Alguns trossos es queden flotant a la superfície, fet que impedeix que la llum del sol arribi al plàncton i a les algues de sota. Si aquestes plantes es moren, els animals que se les mengen també moriran.
- Quan el plàstic es descompon deixa anar al mar substàncies químiques nocives, les quals poden ser absorbides pels animals i pels humans.
- Molts animals marins, com les tortugues i les balenes, confonen les bosses de plàstic amb aliments i se les empassen. A Indonèsia es va trobar una balena que tenia més de mil trossos de plàstic a l'estómac, quasi més de sis quilos. S'havia menjat més de cent gots de plàstic i fins i tot un parell de xancletes.

TU POTS AJUDAR!

Idees senzilles per ajudar amb el problema del plàstic:

No compris begudes embotellades en plàstic. Compra't una ampolla reutilitzable.

No facis servir palletes per beure.

Evita les bosses de plàstic: emporta't una bossa reutilitzable per anar a comprar.

Fes servir tàpers reutilitzables en lloc de bosses de plàstic.

Si veus brossa a la platja, recull-la i llença-la a la paperera.

No llencis mai escombraries al mar o a un riu.

LA TERRORÍFICA HISTÒRIA DE LA YEONMI PARK

COREA DEL NORD

«Corre!», xiuxiuejà amb urgència l'home mentre corria cap al riu. La Yeonmi estava morta de por. No podia moure les cames. L'home va mirar cap enrere, va parar i va retrocedir per agafar la Yeonmi i la seva mare. Junts van arribar al riu i van creuar la superfície gelada.

La Yeonmi no s'atrevia a mirar cap avall. I si el gel es trencava? Si queien a l'aigua gelada podrien morir. Però no era l'únic perill. Al costat del riu hi havia guàrdies armats disposats a disparar contra qualsevol persona que intentés travessar-lo.

Quan finalment van arribar a l'altre costat, la Yeonmi es va sentir molt alleugerida. Per fi tocava terra ferma. Però encara seguien en perill. Tots tres van córrer tant com van poder, preguntant-se si sentirien trets dirigits a ells. No van parar fins que no van estar segurs que els guàrdies ja no els podien veure. La Yeonmi i la seva mare van aconseguir arribar a la Xina, però aquest era tan sols el principi del seu llarg i dur viatge.

LA YEONMI TENIA 13 ANYS QUAN VA ESCAPAR DE COREA DEL NORD.

La seva família va pagar un traficant de persones perquè els ajudés a creuar la frontera del riu Yalu, per poder entrar a la Xina una nit freda de març del 2007.

La Yeonmi i la seva família eren molt infeliços a Corea del Nord. La vida sempre havia estat dura, però des deL 1990 hi havia fam a tot el país. Hi havia gent que es moria. La família de la Yeonmi, com moltes altres, va haver de menjar insectes, escorça i herba per sobreviure, i de tant en tant podien permetre's menjar una patata congelada o una mica d'arròs. Però no era només la falta de menjar. No tenien aigua potable i sovint es produïen talls

«NO TENIM LLIBERTAT PER CANTAR, PARLAR, PORTAR NI PENSAR EL QUE VOLEM».

elèctrics. La gent no tenia accés a internet ni podia contactar amb ningú de fora de Corea de Nord. Si criticaves els líders del país o intentaves fugir se't castigava molt durament, o fins i tot se't matava. Des de ben petita la Yeonmi havia après a no dir realment el que pensava. «No tenim llibertat per cantar, parlar, portar ni pensar el que volem», va explicar a les Nacions Unides.

La Yeonmi i la seva mare van viure dos anys a la Xina i, finalment, van arribar a Corea del Sud, on van construir una nova llar. Ara la vida de la Yeonmi és molt diferent. Té menjar i llibertat. Però no pot oblidar les persones que va deixar a Corea del Nord ni la vida tan dura que tenen.

ON ÉS ARA?

La Yeonmi ara té més de vint anys i estudia a Nova York. És activista pels drets humans i fa ús de la seva veu per donar a conèixer com és la vida a Corea del Nord. Ha escrit un llibre sobre la seva experiència.

COM ORIENTAR-TE

Si ets enmig de la natura i has d'orientar-te, amb un rellotge de polsera i el sol pots saber on és el nord. A tot el món, el sol es pon per l'oest, però a l'hemisferi nord a les 12 del migdia el sol està al sud, i a l'hemisferi sud, al nord.

TROBAR EL SUD A L'HEMISFERI NORD

1. Agafa el rellotge de manera que quedi horitzontal al terra i senyala el sol amb l'agulla que marca l'hora.
2. El punt mig que quedi entre l'agulla de l'hora i el 12 marcarà on és el sud.

TROBAR EL NORD A L'HEMISFERI SUD

Fes exactament el mateix que diu a dalt, però en lloc de mostrar-te on és el sud, et marcarà on és el nord.

HIPOTÈRMIA

Si caus dins aigua glaçada, et pot agafar hipotèrmia, és a dir, la teva temperatura corporal pot baixar de manera perillosa. Pot ser letal.

QUÈ S'HA DE FER

1. Troba resguard o alguna cosa amb què protegir-te del terra glaçat, com una tovallola.
2. Treu-te la roba molla i eixuga't.
3. Embolica't amb una manta o roba d'abric.
4. Beu alguna cosa calenta i menja alguna cosa amb sucre.
5. Sempre és bona idea que et vegi un metge. Si es tracta d'una urgència truca a una ambulància.

ALGUNS SÍMPTOMES

Tremolors

Cansament

Pell freda i pàl·lida

Estar confós

Parla poc clara

Respiració ràpida

LA LLUITA ALTRUISTA D'

ABRAHAM KEITA

LIBÈRIA

La vida de l'Abraham sempre havia estat dura. Vivia amb la seva família a West Point, un dels barris pobres més grans de Libèria, a l'Àfrica occidental. Hi havia molt poc menjar, no tenien aigua potable ni electricitat, i guanyar-se la vida era molt difícil. El pare de l'Abraham treballava de conductor i així podia mantenir la família. Aquell matí, com cada dia, va marxar a treballar. Més tard, la família va rebre una notícia esfereïdora. El seu cotxe havia estat atacat i l'havien matat.

L'Abraham tenia 5 anys el dia que el seu pare va morir. La família estava destrossada. Sentien que el món se'ls havia girat en contra i van perdre l'esperança. La seva mare, que havia de cuidar-lo a ell i als seu cinc germans, es va quedar sola i sense diners. La vida es va fer duríssima, una lluita diària per sobreviure.

Als 9 anys l'Abraham ja havia vist i sentit coses terribles. La violència era quelcom diari a Libèria, un dels països més pobres del món que alhora estava en guerra. La violència no afectava només els adults, sinó que també es forçava els nens a lluitar. Molts nens havien perdut els pares i vivien als perillosos i violents carrers de la ciutat.

Quan va saber que una noia de 13 anys del seu barri havia estat assassinada va sentir que havia de fer alguna cosa. «Podria haver estat la meva germana», va pensar. Es va afegir a una manifestació per protestar contra la violència infantil. Estava enfadat. Per què havien de patir els nens?

Cridar i protestar contra les injustícies i fer saber al món la ràbia que sentia el va fer sentir bé. Després de participar en

una protesta pacífica i impressionar els seus companys, el van convidar a participar en el Parlament de nens de Libèria, i allà va néixer la seva passió per l'activisme.

Però això no va ser tot. Va seguir anant a manifestacions i parlant sobre violència infantil. El setembre del 2011 va organitzar una gran protesta a la qual va aconseguir que participessin dos-cents nens. Van exigir al govern de Libèria que aprovés una llei per respectar i protegir els drets infantils. Els legisladors el van escoltar i el 2012 Libèria es va convertir en un dels primers països africans de tenir una llei de drets infantils. Va ser un triomf increïble, sobretot per a algú de 14 anys.

Des d'aleshores, l'Abraham ha seguit amb l'activisme. Se l'ha anomenat «artífex del canvi»: una persona que fa canviar el món cap a millor. Ha fet xerrades a diferents països, ha liderat manifestacions i ha fet campanya per acabar amb la violència infantil a tot el món. El 2015, amb 17 anys, va rebre el Premi Internacional Infantil de la Pau, un dels guardons més importants per a joves activistes.

L'Abraham creu que per molt difícil que hagi estat la infantesa d'algú, canviar la vida dels altres és possible. És un noi increïble, que defensa i parla a favor dels nens i nenes d'arreu. Vol que tothom recordi que els nens són persones i que tenen uns drets que s'han de respectar.

RECORDA ELS TEUS DRETS

Tots els nens haurien de tenir certes coses bàsiques. Tanmateix, hi ha molts nens arreu del món que no tenen aquestes coses. La convenció sobre els drets de l'infant de l'ONU diu que tots els infants tenen dret a:

- EDUCACIÓ
- SANITAT
- VIURE AMB DIGNITAT
- JUGAR
- PROTECCIÓ CONTRA L'ABÚS, LA VIOLÈNCIA I L'ABANDONAMENT

SIGUES UN ARTÍFEX DEL CANVI

Qualsevol acció és un bon principi, per petita que sigui. Si creus en el que fas, pots tenir grans somnis. Tot seguit, uns quants consells per començar:

Tens alguna idea per fer que la teva escola, el teu barri o el món siguin millors? Comparteix-la.

Per què no fas un voluntariat en una escola o un centre infantil? Pots ajudar els més petits a aprendre a llegir, fer esport, cuidar el medi ambient, o a fer qualsevol cosa que a tu t'agradi.

I recaptar fons? Hi ha moltes maneres creatives de fer-ho. Podries participar en una cursa per recollir diners de familiars i amics per una causa a la qual vulguis donar suport. O podries fer pastissos i vendre'ls.

LA HISTÒRIA DE SUPERVIVÈNCIA DE JULIANE KOEPCKE

ALEMANYA

La Juliane va obrir els ulls a poc a poc. Només veia branques damunt seu. Sentia la piuladissa dels ocells, el brunzit dels insectes i els crits dels micos. On era?

I ho va recordar. Recordava ser en un avió, l'esclat d'un llampec i un fort espetec. Els passatgers xisclaven i l'equipatge va sortir volant. Aleshores van començar a caure... a caure del cel.

Ara estava estesa a terra, encara lligada al seient, el qual s'havia després de l'avió. Li feia mal el coll, però es va forçar a si mateixa a aixecar-se. Estava enmig de la selva.

«Auxili», va cridar dèbilment. Ningú no va respondre. Mai s'havia sentit tan sola.

Al cap d'unes hores va sentir el soroll d'un motor. Un avió de rescat! Va cridar i va demanar auxili. Però el soroll es va esvair i la Juliane es va adonar que els rescatadors no la veurien mai entre una vegetació tan espessa. Si es quedava allà, moriria.

LLAVORS LA JULIANE VA DECIDIR CAMINAR PER SORTIR DE LA SELVA.

El que li va passar a la Juliane és una de les històries de supervivència més increïbles del món. Només tenia 17 anys quan l'avió en què viatjava amb la seva mare es va estavellar per culpa d'una tempesta.

Va caure a la selva peruana. Era la nit de

SI ES QUEDAVA ALLÀ MORIRIA.

Nadal del 1971. La Juliane va sobreviure a una caiguda de més de 3.000 metres des de l'avió. Quan es va despertar, només duia un vestit d'estiu, una sandàlia i havia perdut les ulleres. Per menjar només tenia una bossa de caramels. Estava ferida, però només podia pensar que havia de salvar-se. Va aconseguir que els caramels li duressin quatre dies, però, quan se li van acabar, la seva desesperació per trobar ajuda es va fer més gran.

Encara que la seva família i ella eren alemanys, feia anys que vivien al Perú, i, per tant, sabia bastantes coses de la selva. Sabia que trobar aigua era vital, de manera que, quan va veure un rierol, el va seguir.

Va caminar per l'aigua riu avall, amb l'esperança que això la dugués on hi hagués persones. I així també podia beure aigua fresca del rierol.

LA JULIANE VA CAMINAR I CAMINAR DURANT DEU LLARGS DIES.

Finalment va trobar un caminet que resseguia el riu que la va dur fins a una cabana. Hi va entrar, però no hi havia ningú. Va desplomar-se de cansament i es va posar a dormir. L'endemà a fora va trobar un bidó de gasolina, que va fer servir per ruixar-se una ferida que tenia infestada de larves. Va passar tot el dia a la cabana. A la tarda va sentir unes veus que s'acostaven: eren uns agents forestals. La Juliane es trobava en un estat terrible, tenia la clavícula trencada i estava coberta d'insectes i talls profunds. Però havia sobreviscut, i la seva increïble història se segueix explicant a tot el món.

TROBA AIGUA

- Llepa les gotes de la rosada que hi ha a les fulles.
- Fabrica un embut per recollir aigua (veure al costat).
- No beguis aigua estancada ni d'un color fosc, et podria fer mal de panxa. Intenta trobar aigua en moviment que puguis beure.
- Si l'aigua que trobes està bruta, filtra-la amb una peça de roba.
- Si trobes un rierol, o un riu, segueix-lo riu avall. La gent acostuma a viure a prop de l'aigua i el riu et traurà de la selva.

ES POT VIURE MOLTS DIES SENSE MENJAR, PERÒ NO SENSE AIGUA.

CONSELLS PER SOBREVIURE A LA SELVA

Aconsegueix un pal llarg. Les plantes de la selva poden picar i punxar, fes servir el pal per apartar-les. També pot servir per apartar teranyines.

Un foc manté allunyades les criatures i pots bullir aigua per fer-la potable. Tot i això, no hi comptis gaire. La selva és un lloc molt humit, cosa que pot fer que sigui molt difícil fer cremar alguna cosa.

Els mosquits piquen i transmeten una malaltia molt perillosa anomenada malària. Tapa't el cos tant com puguis.

A la selva hi ha moltes fruites i llavors, però algunes són verinoses. Fitxa't en què mengen els micos i els ocells. Així sabràs quin menjar és segur.

COM FER UN EMBUT

SEGUEIX AQUESTS PASSOS PER RECOLLIR AIGUA POTABLE

1. Busca una fulla gran que tingui tija.
2. Recolza la fulla contra un arbre en un angle que permeti que la rosada o la pluja llisqui per la tija.
3. Recull l'aigua per la part de sota de l'embut.
4. Si no tens una ampolla, busca qualsevol cosa que et permeti agafar l'aigua, com la pell d'una fruita.

EL TRANQUIL CORATGE DE

DESMOND DOSS

EUA

Boom! El so ensordidor de l'explosió de les bombes omplia l'aire. Una bala va passar-li pel costat del cap al Desmond. En ajupir-se va veure un soldat estirat i ferit. Va gatejar cap a ell. Havia de dur l'home a un lloc segur, i l'únic lloc segur existent era baixant 120 metres per un penya-segat.

COM PODIA BAIXAR-LO?

El Desmond va recordar un nus que havia après a fer quan era petit. Va agafar una corda, va lligar un dels extrems al cos de l'home, i l'altre a una soca d'arbre. Va començar a fer baixar l'home pel penya-segat. El soldat pesava molt, però el Desmond va trobar prou forces per subjectar la corda encara que li fregava la pell i li feia sang a la mà. Esbufegant i suant, el Desmond va aconseguir que l'home arribés de forma segura als seus camarades, que eren a sota el penya-segat esperant-lo.

Això va passar el 5 de maig de 1945 i el Desmond era un dels soldats de les tropes que lluitaven a Okinawa, al Japó. El Desmond sempre havia estat diferent dels altres soldats. A causa de les seves creences religioses es negava a matar ningú, fins i tot a la guerra, i no volia dur cap arma. Els altres soldats pensaven que era un covard, que tenia por de lluitar. Però el Desmond sabia que havia d'intentar salvar vides, no acabar amb elles.

El Desmond s'havia unit al cos de metges de l'exèrcit nord-americà el 1942, amb ganes d'ajudar a la Segona Guerra

Mundial. Però com que no volia fer mal a l'enemic, els seus companys soldats se'n burlaven.

Aquell dia del mes de maig, els soldats vivien un malson. Només n'hi havia uns quants que no estaven ferits. El Desmond podria haver marxar, però no podia deixar morir aquells homes, tot i que això signifiqués la seva pròpia mort. Malgrat el terrible perill que corria, volia quedar-se. Després de rescatar el primer home, va tornar corrents cap el tiroteig per salvar més soldats. S'hi va passar moltes hores, però no podia parar. Va portar, estirar i arrossegar cada un d'aquells homes fins a baix, fins que estiguessin segurs. Aquell dia va salvar 75 persones, i va arriscar la seva vida, una vegada i una altra.

VA SER UN ACTE DE VALENTIA EXTRAORDINARI.

El seu comandant i els seus camarades van canviar totalment d'opinió sobre ell. Es van adonar que no era un covard, sinó un heroi. El 12 d'octubre de 1945 el Desmond va anar a la Casa Blanca per conèixer el president dels EUA i rebre una medalla d'honor. El Desmond sempre va fer allò que va creure que era correcte, i al final el seu coratge va ser recompensat.

EL DESMOND SABIA QUE HAVIA D'INTENTAR SALVAR VIDES, NO ACABAR AMB ELLES.

COM FER UN

AS DE GUIA

1. Fes un petit cercle amb la corda.

2. Agafa el final de la corda al més a prop teu que puguis. Passa-la per sota i per dins del cercle. Aleshores passa-la per darrere de la corda superior i torna a passar-la per dins del cercle.

3. Estreny el nus estirant l'extrem mentre aguantes la corda de dalt.

COM SER UN HEROI CADA DIA

- **Quan hi hagi feines pesades, assegura't que col·labores i ajudes.** Demostra que no penses que ets millor que els altres ni que són els altres els que han de fer la feina.
- **Cedeix el teu seient quan hi hagi algú que el necessiti més que tu.** Si ets en un tren o en un autobús i veus algú a qui li costa estar dret, una persona gran, algú lesionat o una senyora embarassada, deixa'l seure. Agrairà la teva amabilitat i consideració.
- **Has aconseguit grans coses.** Ho saps. Els altres també. No fa falta que presumeixis. Sentir coses boniques sobre un mateix és agradable, però un heroi de debò no busca elogis, és modest.

L'EXTRAORDINARI TALENT DE

PHIONA MUTESI

UGANDA

Una nena descalça, vestida amb parracs, mirava com el seu germà gran marxava de la barraca i es feia camí entre els carrers de Katwe.

On anava? Hi hauria menjar? Tenia gana. Va decidir seguir-lo i esbrinar-ho. Va aconseguir que no la veiés i li va sorprendre veure que el seu germà entrava en un rebedor on hi havia una porteta. Es va colar darrere seu i va veure que se seia en un banc, davant un altre noi. Entre tots dos hi havia un taulell ple de caselles blanques i negres. A les caselles hi havia unes figures petites, algunes en forma de cavall, d'altres de persona. Mai no havia vist res igual. Estava fascinada.

«Hola», va dir un home que estava observant els nens. «Per què no entres?»

Li feia molta vergonya, però va entrar i va escoltar l'home, el Robert, que li va explicar què feia el seu germà. Jugava a escacs. El Robert li va ensenyar què havia de fer. Ella va agafar un peó i el va moure. Des d'aquell instant va saber que els escacs eren el seu joc.

La nena es deia Phiona Mutesi. Va començar a anar a les classes d'escacs del Robert a la sortida de l'escola per aprendre a jugar i a menjar farinetes de civada.

El Robert intentava ajudar els nens que vivien als barris pobres de Katwe, a Uganda. Les seves vides eren molt dures. El barri estava brut, ple de puces i malalties i feia pudor. La lluita per trobar menjar i aigua era diària. La Phiona només tenia 9 anys, però va haver de deixar l'escola als 6 anys i no sabia ni llegir ni escriure. Però sabia jugar a escacs.

BEN AVIAT LA PHIONA VA COMENÇAR A GUANYAR ELS ALTRES NENS DE LA CLASSE.

Un nen va començar a plorar quan una nena el va guanyar. La Phiona tenia una habilitat natural i practicava molt.

ELS ESCACS LI VAN CANVIAR LA VIDA I ARA ELLA VOL AJUDAR PER CANVIAR ALTRES VIDES.

En menys d'un any va guanyar el Robert. Aleshores, ell va adonar-se que havia arribat l'hora que la Phiona anés a jugar a escacs contra els millors del món.

I així va ser. Als 11 anys va guanyar el campionat juvenil femení d'Uganda. El 2009 va representar Uganda al campionat juvenil internacional d'escacs d'Àfrica, al Sudan. Tenia 13 anys i era la primera vegada que anava amb avió. Quan va arribar a l'hotel, es va adonar que seria la primera vegada que tindria un llit per a ella sola.

Amb l'ajuda del Robert, la Phiona va poder tornar a l'escola. Des d'aleshores ha participat en tres olimpíades d'escacs mundials i ara motiva altres nens perquè s'animin a jugar-hi. Els escacs li van canviar la vida i està convençuda de voler ajudar per tal de canviar altres vides.

ON ÉS

ARA?

La Phiona estudia a la universitat als Estats Units, i espera, algun dia, arribar a ser Gran Mestre Internacional d'escacs, el lloc més alt al qual pot arribar un jugador d'escacs. De la seva increïble historia se n'ha fet una pel·lícula i un llibre.

LES PECES D'ESCACS I ELS MOVIMENTS

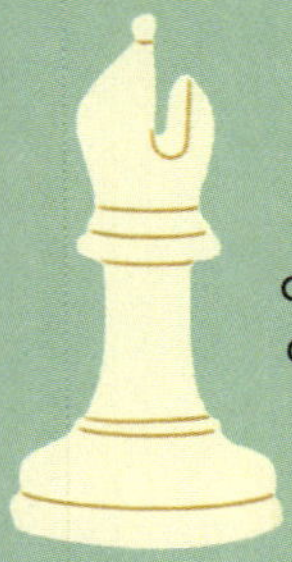

ALFIL

Pot moure's totes les caselles que es vulgui en diagonal, i en qualsevol direcció.

CAVALL

Pot moure's en forma de L: dues caselles cap endavant o cap enrere, i una en diagonal, o bé, dues en diagonal i una cap endavant o cap enrere. És l'única peça que pot «saltar» per damunt de les altres.

REINA

Pot moure's en qualsevol direcció i tantes caselles com es vulgui.

TORRE

Pot moure's totes les caselles que es vulgui cap endavant, cap enrere i cap als costats, però no en diagonal.

PEÓ

Només pot moure's una casella cap endavant, excepte la primera vegada que se'n mou un, en què es mou dues caselles. Només pot matar movent-se una casella en diagonal. Mai no pot anar enrere.

REI

Pot moure's una casella en qualsevol direcció.

LA PRÀCTICA FA EL MESTRE

Si vols ser molt bo en alguna cosa, has de practicar.
Aquí tens uns consells pràctics sobre com convertir-te en un expert.

Repetició. Es diu que, per arribar a ser expert en alguna cosa, has de practicar-ho unes deu mil hores. Molta repetició!

Reflexionar. Durant i després de practicar, pensa en què estàs fent i en com ho estàs fent. Això t'ajudarà a millorar. Demanar a algú la seva opinió sobre com ho fas també és útil.

Posa't reptes.. Per millorar has d'esforçar-te. Proposar-te un repte és una bona manera de fer-ho. Assegura't que siguin reptes que puguis assolir, però no sense esforç.

L'ASCENS

METEÒRIC DEL RAIN

COREA DEL SUD

Els llums parpellejaven i el baix ressonava. La multitud cridava perquè la seva estrella preferida, el Rain, sortís a l'escenari.

Van aparèixer tres ballarins i van començar a ballar, però el Rain feia esperar tothom. De sobte, els tres ballarins es van aturar amb els braços creuats. El volum va pujar i va aparèixer una silueta fosca a l'escenari: era el Rain. Els crits eren per rebentar timpans. Va aixecar un braç i va cantar el primer vers del seu últim èxit. L'estadi va embogir.

Era Corea del Sud, i el Rain, una estrella de K-Pop. La seva veu era suau, els seus balls eren elèctrics i podia omplir estadis amb milers d'aficionats.

LA SEVA VEU ERA SUAU, ELS SEUS BALLS EREN ELÈCTRICS I PODIA OMPLIR ESTADIS AMB MILERS D'AFICIONATS.

L'espectacle, de dues hores, va ser sensacional. Va fer dos bisos, però al final va haver d'acomiadar-se, tot i que els seus fans s'hi haurien quedat tota la nit.

El Rain estava trist perquè la seva mare no hi era i no podia veure'l triomfar. Mentre s'ensorrava en una cadira i agafava una beguda, pensava en la seva mare.

RAIN

Què pensaria, si el pogués veure? Estaria tan orgullosa!

La seva mare va morir quan el Rain tenia 18 anys. La seva vida era molt diferent aleshores. Ni tan sols es deia Rain; el seu nom real era Jung Ji-Hoon. La seva família era molt pobra, tan pobra que, quan la seva mare es va posar malalta, no van poder pagar les despeses mèdiques del tractament. Vam veure com es posava cada vegada més malalta fins que, finalment, va morir.

Amb el pas del temps, el Rain volia fer alguna cosa en memòria seva. Volia convertir-se en una estrella del K-Pop.

Ja havia format part d'una boy-band i es dedicava tot el temps que podia a cantar i ballar. Li encantava el Michael Jackson i passava hores aprenent els seus passos més famosos. El seu esforç va obtenir recompensa quan va entrar a formar part d'una companyia d'entreteniment coreana, JYP Entertainment. Assajava cada dia: ball, classes de cant, com moure's sobre l'escenari i més. Al cap de poc, els seus agents li van dir que estava preparat per començar a anar a audicions per entrar en un grup. Però el van rebutjar una vegada rere l'altra. La competició era dura i havia de creure en ell mateix per tirar endavant.

Finalment, tot l'esforç va tenir recompensa. El 2002 va treure el seu primer disc en solitari, i el tercer va vendre un milió de còpies i va ocupar els primers llocs a les llistes de Corea del Sud i Àsia. Des d'aleshores s'ha convertit en una megaestrella. Ha fet *sold-outs* des de Tòquio fins a Nova York. Cantant, compositor, ballarí i productor musical, la revista *Time* l'ha batejat diverses vegades com una de les cent persones més influents del món. Però l'ambició del Rain sempre ha estat la mateixa: esforçar-se i fer-ho el millor possible en memòria de la seva mare.

RAIN

PER QUÈ CANTAR ÉS BO PER A L'ÀNIMA?

- Cantar provoca canvis químics al cos: fa que s'alliberin endorfines, dopamina i oxitocina, la qual cosa ens fa sentir bé.
- T'ensenya a respirar millor fent servir el diafragma (el múscul que hi ha sota la caixa toràcica) i a respirar amb profunditat. Això també fa que s'enviï més oxigen a la sang i millora la circulació.
- Cantar amb altre gent és fins i tot més beneficiós. Disminueix l'ansietat i relaxa.
- Cantar enforteix els músculs de la gola, cosa que ajuda a roncar menys!

COM CONVERTIR-TE EN UNA ESTRELLA DEL K-POP

1. Presenta't a audicions per a companyies d'entreteniment coreanes. Alguns alumnes comencen amb només 10 anys.
2. Si t'accepten, ves a viure i a treballar amb la resta de joves alumnes.
3. Inverteix tot el temps que puguis a fer classes de dansa, practiques de cant i art dramàtic. Seran unes deu hores al dia i també hauràs de trobar temps per estudiar.
4. Entrena uns cinc anys. Els alumnes que no assoleixin els requisits seran convidats a marxar.
5. Amb sort tindràs èxit com a artista de K-Pop o com a membre d'una girlband o una boyband... Però, tot i això, en aquest negoci no hi ha mai garanties.

COM CANTAR MILLOR

Troba el «registre vocal». Fes una nota i ves pujant fins a la nota més aguda que puguis fer. Repeteix-ho però cap a greu.

Escalfa la veu amb «vibracions labials». Pressiona les galtes amb els dits i bufa fent vibrar els llavis. Ves fent refilets, greus i aguts.

En cantar es fan servir molts músculs de la cara, el coll i el cos.

Fes ganyotes, mou la boca i estira els braços abans de començar.

Respira fondo i, quan cantis, obra bé la boca.

Grava't. Escoltar-te t'ajudarà a millorar.

Apunta't a una coral, o munta el teu propi grup de música.

L'ESFEREÏDORA HISTÒRIA DE MALALA YOUSAFZAI

PAKISTAN

«Qui de vosaltres és la Malala?», va cridar l'home emmascarat que acabava de pujar a l'autobús escolar. L'autobús anava ple de noies que tornaven a casa. Ningú no va dir res, però algunes noies van mirar la Malala de reüll quan l'home va dir el seu nom, i aquest ràpidament va saber qui era. Al cap d'uns segons va treure una arma i les bales van volar per l'autobús.

La Malala va caure inconscient a terra, coberta de sang. Li havien disparat diversos trets al cap. Una de les bales li havia entrat per la cavitat de l'ull i quasi li va penetrar al cervell. La van dur a urgències, a l'hospital, on la van operar, sense estar segurs si sobreviuria. Miraculosament, se'n va sortir, i llavors la van portar a Birmingham, al Regne Unit, perquè rebés atenció mèdica especialitzada i salvar-li la vida.

La Malala Yousafzai va néixer el 1997 a Swat Valley, Pakistan. El 2007 els talibans es van fer amb el control de la vall i van implementar noves lleis. Van prohibir

coses quotidianes com escoltar música, i a finals del 2008 van prohibir que les nenes anessin a l'escola.

Costa d'entendre com uns homes van poder disparar a una nena de 15 anys. Aquests homes formen part d'un grup anomenat talibans, a qui no els agradava el que ella feia. Havia escrit un blog per a la BBC sobre com de difícil era viure sota el règim talibà. Es deia «Dietari d'una nena pakistanesa». Un cop recuperada ha alçat encara més la veu contra el fet que els talibans al seu país prohibeixen l'educació de les nenes.

EL 9 D'OCTUBRE DE 2012, DOS HOMES VAN PUJAR A L'AUTOBÚS ON ANAVA LA MALALA I UN D'ELLS LI VA DISPARAR.

La Malala no s'ho podia creure. Per què no podia rebre una educació? Estava decidida a seguir anant a l'escola, encara que fos molt perillós tant per a ella com per a la seva família.

VA SER LA PERSONA MÉS JOVE DE LA HISTÒRIA A REBRE EL PREMI NOBEL DE LA PAU.

Des que es va recuperar, la Malala ha fet coses increïbles en defensa dels drets humans i el dret de la dona a l'educació. El 2014 es va convertir en la persona més jove de la història a rebre el premi Nobel de la Pau. El dia que va complir 16 anys va fer un discurs molt emotiu a la seu de les Nacions Unides, en el qual va explicar la seva història i va parlar sobre la importància que tothom rebi una educació. El més impressionant va ser que ho va fer en anglès, que no és la seva llengua materna. Gent de més de cent països diferents la van aplaudir i aclamar. Ara l'ONU celebra la seva tenacitat i el seu coratge el dia 12 de juliol: «el dia de la Malala».

COM PARLAR EN PÚBLIC

**Parlar en públic por ser molt estressant.
Aquí tens uns petits consells pràctics:**

Prepara't bé per tenir clar el que diràs. Si et preocupa oblidar-te alguna cosa pots fer-te unes targetes amb notes.

Practica tant com puguis. Primer a soles i després davant d'algú. Fins i tot podries filmar-te.

Parla fort, a poc a poc i amb claredat perquè tothom pugui sentir-te.

Podries filmar-te per veure si estàs parlant amb prou claredat.

Tenir una ampolleta d'aigua a mà va bé per si se t'asseca la gola.

Recorda: tenir papallones a la panxa abans de parlar en públic és normal. De fet, fins i tot potser t'ajudarà a fer millor el discurs.

COMENÇA EL TEU PROPI BLOG

Un blog pot ser una bona plataforma per compartir interessos i exposar el teu missatge al món. Aquí tens algunes idees que et poden servir d'inspiració:

Pensa en què t'agradaria escriure. Escull alguna cosa que t'apassioni, com la lectura, l'art o l'esport.

Posa-hi un nom que tingui relació amb el tema.

Com escriuràs? Pots parlar des del teu punt de vista o entrevistar amics i familiars i escriure sobre les seves opinions.

Escull amb quina regularitat vols publicar entrades: setmanalment, mensualment o quan et vingui de gust.

LES FABULOSES FITES DE PELÉ

BRASIL

En un polsegós carrer del Brasil, un nen descalç tombava una cantonada xutant una cosa semblant a una pilota. Era un mitjó vell ple de paper de diari, embolicat amb un cordill. Encara que no fos una pilota de debò, tothom podia veure que aquell nen era molt bo. Podia fer tot tipus de malabarismes, passar-se la pilota d'un genoll a l'altre, del cap a l'esquena. Els seus ulls reflectien la passió que sentia pel joc.

Es deia Edson Arantes do Nascimento, però li deien Pelé. Malgrat que era pobre i que vivia a Bauru, un barri miserable, es va acabar convertint en un dels millors jugadors de futbol del món (molta gent diu que el millor). El llegendari Pelé!

El Pelé era del Brasil, un país amant del futbol. I aquell dia que estava jugant al carrer, el 16 de juliol de 1959, se celebrava un partit important. El Brasil sencer estava convençut que la seva selecció, la millor del món, guanyaria l'Uruguai a la final de la Copa del Món al famós estadi de Maracanà. La gent va deixar de treballar per veure el partit. Era importantíssim.

PERÒ VA PASSAR L'IMPENSABLE.

Quedaven deu minuts i el marcador anava 1-1 quan l'Uruguai va marcar el segon gol. El Brasil havia perdut! Tothom es va quedar estupefacte. Homes i dones ploraven pel carrer, fins i tot el pare del Pelé. Ell, que tenia 9 anys, estava destrossat. Però aleshores va fer una promesa que mai no oblidaria.

PODIA FER TOT TIPUS DE TRUCS, PASSAR-SE LA PILOTA D'UN GENOLL A L'ALTRE, DEL CAP A L'ESQUENA.

«Algun dia», li va prometre al seu pare, «algun dia guanyaré la Copa del Món per a tu». I això és exactament el que va fer. Als 11 anys va començar a jugar en un equip de futbol de Bauru. Era tan bo que amb 15 anys el va fitxar el Santos, un famós equip de futbol brasiler. I als 17 va ser seleccionat per jugar el Mundial del 1958, un assoliment increïble. Era la gran oportunitat per acomplir la seva promesa.

El seu primer gol va ser espectacular. Va ser als quarts de final contra Gales, i va fer que es convertís en el jugador més jove de la història a marcar un gol al Mundial. En el següent partit va fer un *hat-trick* contra França.

Brasil era a la final. Pelé no volia decebre els espectadors que l'animaven. I va marcar dos gols grandiosos contra Suècia, els quals van suposar que Brasil guanyés 5-2. Era només el segon Mundial televisat i el Pelé va poder demostrar les seves increïbles habilitats. Es parlava d'ell arreu. Ho havia aconseguit!

Va acabar guanyant tres Mundials i marcant 1.281 gols espectaculars durant la seva carrera. El seu domini de la pilota, com driblava i els seus cops de cap són llegendaris, però el seu truc més famós és la «xilena»: un truc acrobàtic en què, d'esquena a la porteria, saltava ben alt i xutava la pilota per sobre del seu cap i cap endins de la porteria. No sorprèn que el 2000 fos nomenat Jugador del Segle per la FIFA i Esportista del Segle pel Comitè Olímpic Internacional.

COM "FER TOCS"

Fer botar una pilota sobre els genolls, els peus i el cap sense que caigui a terra es coneix com «fer tocs». Fes servir aquestes tècniques per perfeccionar les teves habilitats. Pots fer servir un mitjó de paper com feia el Pelé.

1. Deixa caure la pilota davant teu i que boti una vegada. Aleshores xuta-la amb el peu cap a les teves mans. Repeteix-ho diverses vegades amb els dos peus.
2. Ara complica-ho una mica més. Deixa que la pilota boti però en lloc de xutar-la cap a les mans, xuta-la, deixa que boti i torna a xutar-la. Afegeix tants bots i xuts com puguis sense agafar la pilota amb les mans.
3. Per acabar, comença a eliminar el bot. Deixa caure la pilota, que boti una vegada i xuta-la dues vegades abans que deixar-la botar. Incrementa aquesta variació fins que no et faci falta botar la pilota.

Pots practicar-ho amb els peus, els genolls, les espatlles i fins i tot el cap.

COM FER UNA PISTA D'OBSTACLES

Una pista d'obstacles és una manera genial de practicar el driblatge, i és molt fàcil de muntar.

1. Col·loca cinc cons en línia recta, separats la mateixa distància els uns dels altres. Si no tens cons pots fer servir qualsevol cosa: plats vells o tapes d'olles.
2. Una mica més enllà (a prou distància per poder córrer), col·loca-hi quatre cons més en línia recta i paral·lela a la primera. Tots els cons han d'estar alineats entre si.

L'objectiu és driblar la pilota al voltant de cada con, fent una ziga-zaga. Pots afegir més cons si vols fer-ho més complicat.

BONS CONSELLS

- Recorda guiar la pilota amb els dos peus.
- Mantén la pilota a prop dels peus per mantenir-ne el control.
- Redueix la distància entre els cons si vols un repte més gran.
- Cronometra quan trigues a completar el recorregut i intenta superar-te.

LA CAMINADA PEL DESERT DE

MOLLY KELLY

AUSTRÀLIA

«No, les meves netes, no!», va cridar la dona, intentant parar el policia.

«Para!», cridaven les nenes, mentre les ficaven a la part del darrere d'un cotxe. El policia els va dir que estiguessin callades i va tancar la porta de cop. La Molly, amb la cara plena de llàgrimes, va mirar per la finestra i va veure la seva àvia llançar-se a terra plorant. El policia va pujar al cotxe i se les va endur.

La Molly tota la vida va recordar aquell dia terrible, fins i tot quan va ser una velleta. Abans d'allò, vivia amb la seva família en un lloc anomenat Jigalong, al límit amb el desert de Gibson, al oest d'Austràlia. La seva mare era aborigen i el seu pare, un blanc anglès.

El 1931, quan la Molly tenia 14 anys, se les van endur a ella, la seva germanastra Daisy, de 8 anys, i la seva cosina Gracie, de 10, a un lloc anomenat Assentament Natiu de Moore River, per a nens aborígens mestissos. En aquella època, el govern creia que els nens mestissos s'havien de separar de les seves famílies per ser integrats a la comunitat

blanca australiana. Aquell lloc era com una presó. Les finestres tenien barrots i els nens arribaven a estar fins a dotze hores al dia tancats. El menjar era horrible, només hi havia pa, farinetes i estofat aigualit.

SI INTENTAVEN ESCAPAR SE'LS CASTIGAVA.

La Molly estava confosa i trobava a faltar casa seva. No sabia per què era allà i volia estar amb la seva mare. De manera que, al cap de dos dies, va decidir escapar i tornar a casa a peu. Però Austràlia és un país gegant, i casa seva estava a 1.600 kilòmetres de distància.

Però això no la va aturar. Va convèncer la Daisy i la Gracie, i es van escapar juntes. La Molly era llesta. Sabia que casa seva era al final d'una barrera molt llarga que anava de nord a sud del país, que s'havia construït perquè els conills no entressin a l'oest d'Austràlia. Si la seguien, al final, arribarien a Jigalong.

La Molly va fer de guia i van trobar la barrera. La van seguir cap al nord, creuant l'immens i calorós Outback australià. La Molly coneixia uns quants trucs de supervivència, sabia com caçar conills i com esquivar serps verinoses. També van trobar moniatos i algunes fruites.

Però seguia sent molt dur. Gairebé no tenien aigua, excepte quan plovia. Sovint les petites es cansaven i la Molly havia de dur-les a coll.

La policia les estava buscant, però la Molly va assegurar-se que no les trobessin. Caminaven moltes hores al dia, des que sortia el sol fins que es ponia. Van creuar un riu, dunes i un llac de sal. I nou setmanes després van arribar al lloc que buscaven: casa seva! La Molly va abraçar tan fort la seva mare que quasi es va quedar sense respiració.

El 2008 el primer ministre australià va demanar perdó de manera oficial pel maltractament dispensat als aborígens i, en particular, als nens que es van apartar de casa seva, coneguts com «la generació robada».

Austràlia mai no ha oblidat les nenes que van fer 1.600 kilòmetres a peu pel desert, i la Molly sempre serà recordada per la seva valentia i la seva determinació.

QUÈ LI VA PASSAR?

La increïble història de la Molly va servir com a inspiració per a la pel·lícula del 2002, *La generació robada*. La Molly es va casar i va tenir dos fills. El 2004, als 86 anys, va morir a casa seva, a Jigalong.

QUANT FALTA PERQUÈ SIGUI FOSC?

Si no tens cap manera d'esbrinar quina hora és i necessites saber quantes hores de llum queden, pots fer servir les mans per calcular-ho.

1. Vigila que no hi hagi ni núvols, ni arbres tapant l'horitzó.
2. Col·loca el palmell d'una mà pla amb els dits junts mirant cap amunt, amb el polze cap endins. Alinea la part inferior de la mà amb l'horitzó.
3. Col·loca l'altre mà sobre la primera, amb el palmell cap a tu, els dits junts i el polze ben amagat.
4. Ajunta la primera mà de manera que quedi per sobre de la segona, mantenint la segona quieta per no perdre la posició.
5. Ves avançant cap al sol amb la primera. Si encara queda un petit espai, fes servir els dits per mesurar l'espai restant.
6. Cada mà representa una hora i cada dit, quinze minuts.

DADES SOBRE L'OUTBACK

- L'Outback cobreix més de dues terceres parts d'Austràlia.
- L'Outback és immens, sec i remot.
- Hi viu molt poca gent; només el 3% de la població del país. La majoria dels australians viuen a ciutats a prop de la costa.
- Algunes parts de l'Outback també es coneixen amb els noms de Never-Never («Mai-Mai») o Back of Beyond («La quinta forca»).

COM SOBREVIURE A L'OUTBACK

Si avui dia visites l'Outback, segurament hi aniràs amb cotxe.

Emporta't aigua. Pot arribar a fer-hi molta calor. Necessitaràs uns 4 litres per dia.

Avisa algú d'on vas, la ruta que vols fer i quan tens previst tornar.

Si se t'espatlla et cotxe queda-t'hi al costat; és més fàcil trobar un cotxe que una persona.

No t'allunyis de la carretera, perdre's per l'Outback és molt fàcil.

Queda't a l'ombra i espera que arribi ajuda. Intenta guardar el màxim d'energia possible.

Si et quedes sense aigua intentar trobar un arbre. Si lligues una bossa de plàstic a una branca amb fulles potser podràs recollir una mica d'aigua.

Busca petjades d'animals que vagin en la teva mateixa direcció: potser trobaràs un pou.

LA TERRORÍFICA HISTÒRIA D' ALLY SWINTON

REGNE UNIT

Ally Swinton va parar per recuperar l'alè. De lluny veia l'impressionant Mont Blanc, el pic més alt de l'Europa continental.

L'Ally, un experimentat alpinista de 23 anys, ja havia pujat cinc vegades el Mont Blanc. Ara estava baixant un pic de 4.000 metres que estava a prop del Mont-Blanc. Havia avançant els seus dos companys, que anaven darrere seu.

Estava relaxat i feliç, baixant per la cresta. Li encantava escalar i el repte d'ascendir un pic i contemplar aquelles vistes impressionants. Absort en els seus pensaments va relliscar neu avall. «Eps!», va fer, en caure de costat. «Compte, Ally!». Per sort no estava ferit. Però el que va passar a continuació va ser terrorífic. Allà estirat, mirant cap amunt, va veure com la neu es partia i començava a dividir-se en blocs gegants. Enormes blocs blancs anaven directes cap a ell. Era una allau!

L'ALLY NOMÉS TENIA UNS POCS SEGONS ABANS QUE L'ENORME PARET DE NEU I GEL EL COLGUÉS.

Va procurar mantenir la calma i recordar què calia que fer en una situació com aquella. Va començar a «nedar», movent els braços per apartar la neu que l'anava cobrint. La força de l'allau era increïble. Mentre era llançat muntanya avall, caient per un mar blanc, la boca i el nas se li omplien de neu i ell l'escopia per tal de respirar, però no parava de caure. «És la fi», va pensar. «Aquí s'acaba la meva vida».

L'ALLY QUEIA A MOLTÍSSIMA VELOCITAT.

Va ser llançat per sobre d'una cresta rocosa i va seguir caient 400 metres més. Finalment, l'allau es va aturar. Atordit i ferit es va trobar assegut sobre la neu i les restes de l'allau, amb la motxilla encara posada i el seu equip escampat pel voltant. Havia sobreviscut!

Al cap de vint minuts va sentir els seus amics que el cridaven, i després el gloriós so d'un helicòpter que arribava per aerotransportar-lo cap a un lloc segur. L'Ally sabia que havia tingut molta sort: l'allau podria haver-lo llançat contra les roques. Havia sobreviscut a una caiguda de 700 metres gràcies a la seva ràpida capacitat de reacció. S'havia salvat, literalment, nedant, en mantenir-se al més a prop possible de la superfície de la neu. Havia sortir quasi il·lès d'una de les situacions més perilloses que et poden passar a la muntanya.

La seva increïble història va sortir a tots els diaris del món. L'Ally és un supervivent: una de les poques persones que han estat arrossegades per una allau i han sobreviscut.

ON ÉS ARA?

L'Ally és un amant de la muntanya i contínuament es posa a prova amb noves ascensions. És molt prudent i porta tot l'equip necessari per a la seva seguretat, i sobretot respecta la muntanya.

ALLAU!

TOT EL QUE HAS DE SABER

Les allaus són difícils de predir. La població local sabrà a quines èpoques de l'any és més habitual que n'hi hagi; per tant, escolta'ls.

Moltes allaus són provocades per les persones. Un moviment sobtat, un soroll o el pes d'una persona sobre neu inestable poden desencadenar el despreniment.

Si acaba de caure molta neu, vigila. Si fa molt sol la pot desfer i provocar un despreniment.

COM SOBREVIURE

- Prepara't bé i emporta't un aparell anomenat transceptor. Transmet un senyal electrònic que els rescatadors poden rebre si ets sota la neu.
- Un airbag antiallaus, que s'infla en estirar una corda, hauria d'impedir que et quedessis enterrat.
- Intenta esquivar l'allau col·locant-te al marge o esquiant molt de pressa i desviant-te cap a un costat.
- Si la bola de neu t'atrapa, mantén-te tan a prop de la superfície com puguis fent com si nedessis amb els braços i les cames. Quan l'allau pari tindràs més possibilitats de sortir-ne.
- Desprèn-te de l'equip o la motxilla que duguis, ja que el pes et farà caure més endins.
- Si et quedes enterrat sota la neu, abans que la neu se solidifiqui, intenta crear un espai buit al voltant de la teva cara per poder respirar.

LA VIDA EXCEPCIONAL DE

LIZZIE VELÁSQUEZ

EUA

VELLA!

ESQUIFIDA!

INSECTE BASTÓ!

«Ei, esquifida! Insecte bastó! Vella!».

Quan la Lizzie tenia 5 anys i va entrar a la seva nova classe, va sentir com la insultaven. No ho entenia. Qui eren aquells nens que li cridaven? Per què? Va adonar-se que alguns nens i nenes la miraven fixament i xiuxiuejaven entre ells. Va tenir un pensament horrible. «Parlen de mi?», es va preguntar molt espantada. Va mirar al seu voltant. Tothom la mirava. De sobte, per primera vegada a la vida, es va adonar que era diferent dels altres nens.

VA DESITJAR MARXAR IMMEDIATAMENT DE L'ESCOLA.

A la Lizzie li feia molta il·lusió començar l'escola. A casa, amb la seva família i els seus amics, no s'havia sentit mai rara o fora de lloc. Però a l'escola ningú no havia vist mai algú amb el seu aspecte. Alguns nens no volien jugar amb ella i d'altres la molestaven. Cada dia, quan arribava a casa plorava i plorava. Els seus pares li deien que mantingués el cap ben alt i que ignorés els insults, però era molt difícil.

La Lizzie tenia un aspecte diferent perquè havia nascut amb una malaltia estranya que impedia que el seu cos processes el menjar adequadament. Per això era molt petita i extremament prima. A causa de la malaltia, no hi veia d'un ull i tenia les faccions molt grosses en una cara menuda.

Mentre superava la tristesa inicial, va adonar-se que l'escola tenia coses positives. Va fer alguns bons amics, nens i nenes que l'estimaven més enllà del seu aspecte. Amb el suport dels amics i la família va sortir-se'n, va estudiar molt i va aprovar tots els exàmens. Fins i tot va arribar a ser animadora a l'institut.

Un dels pitjors dies de la seva vida va ser quan, amb 17 anys, va trobar a internet un vídeo seu que es deia «La dona més lletja del món». Va sentir molta ràbia i molt dolor. Com podia ser tan cruel, la gent? Si no la coneixien! No sabien que era amable i divertida, i que li encantava riure amb els amics. Només la jutjaven pel seu aspecte. Va adonar-se que fer-se gran no suposava que

l'assetjament s'acabés. Sinó que començava un nou tipus d'assetjament, el ciberassetjament. Alguns adults, en veure la seva foto a internet, li enviaven missatges cruels dient-li que hauria de quedar-se tancada a casa perquè ningú la veiés, o fins i tot li deien que no es mereixia viure.

La Lizzie s'ha enfrontat a molts reptes al llarg de la seva vida, i ha après moltes coses. Patir les males actituds dels altres l'ha fet voler ser millor que ells. Un dia es va adonar que havia de prendre una decisió: si volia tenir una vida feliç o infeliç. Depenia d'ella. I va decidir fer servir la seva ràbia per demostrar als assetjadors que s'equivocaven. Acabaria guanyant. I això és exactament el que ha fet. La Lizzie somiava graduar-se a la universitat, escriure un llibre i convertir-se en oradora per ajudar els altres a gestionar la seva vida. Amb molt d'esforç ha aconseguit totes aquestes coses.

Ara la Lizzie serveix d'inspiració per a molta gent. Ha sortit en defensa de moltes víctimes d'assetjament i ha demostrat que la seva experiència li va donar forces per trobar la bondat interior. Els seus seguidors saben que és una persona molt sàvia i li demanen consells. El missatge de la Lizzie sempre és positiu i subratlla la importància de la bondat i l'amor. Sap que la vida pot ser dura, i que sovint és decebedora, però està convençuda que si tens l'actitud adequada, pots superar els obstacles i ser feliç. La Lizzie va prendre les regnes de la seva vida i va fer que fos meravellosa.

QUÈ ÉS L'ASSETJAMENT?

L'assetjament (o *bullying*) és qualsevol comportament que faci mal a una persona. Pot ser físic: colpejar, donar un cop de peu, que et robin. O verbal: que et parlin a crits i et facin mal amb les paraules, que t'amenacin, que t'insultin.

Ser ignorat i exclòs també és un tipus d'assetjament.

A vegades, els assetjadors fan servir les xarxes socials per enviar fotos i missatges. Això es coneix com ciberassetjament o *ciberbullying*.

L'assetjament el poden patir adults i nens, a l'escola, a casa o a la feina.

Si pateixes assetjament demana ajuda.

No t'ho guardis mai dins teu. Digues-ho a algú en qui confiïs, un amic, un professor o professora o als teus pares.

Enfrontar-se a un assetjament pot ser difícil. A vegades és millor apartar-se'n i buscar un adult que t'ajudi.

Si t'estan assetjant per les xarxes socials, bloqueja'ls i informa'n a un adult que et pugui ajudar.

Si creus que algú està sent assetjat, intenta fer-te el seu amic. Això li farà entendre que no està sol.

Recorda: no és culpa teva. Ningú té dret a assetjar a ningú.

SIGUES AMABLE

1. Sigues considerat. Intenta imaginar com els teus actes i les teves paraules poden afectar els altres.
2. Fitxa't en els teus amics i el seu comportament. Si veus que no estan com sempre, pregunta'ls què els passa.
3. Cuida't. Fes coses amb les quals gaudeixis i et facin sentir bé.

FES EL POT DELS AFALACS

Pots fer-ho sol o amb un amic o amiga.

1. Talla vint tires de paper.
2. Pensa en vint coses sobre tu mateix que t'agradin i anota'n una a cada tira.
3. Plega els afalacs i fica'ls dins un pot, un de melmelada net va bé.
4. Decora el pot amb adhesius i dibuixos. Si tens una foto teva, per què no l'enganxes a la tapa?
5. Tapa el pot i lliga una cinta al voltant del coll.
6. Quan estiguis trist, agafa un dels afalacs del pot, llegeix-lo per recordar com n'ets de genial. Et sentiràs millor a l'instant.

EL SORPRENENT ÈXIT DE LOUIS BRAILLE

FRANÇA

El Louis, de 12 anys, estava avorrit, avorrit de l'escola, avorrit de no poder llegir ni escriure, avorrit de tot. Si tan sols pogués mirar un llibre interessant o anar sol a passejar!

NO PODIA FER AQUESTES COSES PERQUÈ ERA CEC.

Quan va néixer hi veia perfectament, però als tres anys va tenir un accident terrible. Va agafar una de les eines del seu pare, un punxó molt punxegut, que es feia servir per fer forats. Li va relliscar i va colpejar-li fortament l'ull. Al pobre Louis se li van infectar tots dos ulls i va perdre la vista. Ara ja era gran i anava a l'escola a París, però li costava molt. Havia d'escoltar amb molta atenció per intentar recordar-ho tot, ja que no podia ni llegir ni escriure.

Un dia, un exsoldat que es deia Charles Barbier va visitar l'escola per fer-hi una xerrada. El Louis va pensar que seria avorrit, però quan el Barbier va començar a parlar el Louis va parar l'orella. Estava descrivint el seu invent: un codi especial per als soldats. Quan els soldats eren de nit al camp de batalla no podien fer soroll ni encendre un llumí per il·luminar-se, ja que l'enemic els podia veure. El Barbier va trobar la manera perquè els oficials poguessin transmetre coses importants als soldats. Va agafar un paper i va fer-hi unes marques amb punts i ratlles que representaven lletres. Si el soldat coneixia el codi podia «llegir» els missatges en silenci i a les fosques, només passant els dits per sobre del paper.

En sentir allò en Louis va notar un calfred d'excitació. Podria un sistema tàctil com aquell ajudar-lo a llegir, a ell i a altres persones cegues? Va començar a treballar-hi immediatament.

EL LOUIS ESTAVA CONVENÇUT QUE PODRIA CREAR UN CODI MÉS SENZILL I EFECTIU.

No va ser fàcil. Va decidir fer servir només punts, en agrupacions d'un a sis. Va passar mesos intentant trobar combinacions que poguessin representar totes les lletres de l'alfabet. Els punts haurien de ser petits i fàcils de notar amb el dit. Per fer els petits punts sobre el paper va fer servir un punxó, la mateixa eina que l'havia deixat cec. Va trigar molt a aconseguir exactament el que volia, però als 15 anys, el 1824, ja havia trobat 63 maneres de fer servir una cel·la de sis punts en un àrea no més gran que una empremta digital.

El 1829 va acabar d'idear un sistema brillant. Era apte per a totes les lletres,

VA TRIGAR MOLT A ACONSEGUIR EXACTAMENT EL QUE VOLIA.

números i fins i tot notes musicals, tots els signes de puntuació, matemàtics i més.

El sistema de Louis Braille va rebre el seu nom, i ara persones cegues i parcialment cegues d'arreu del món el fan servir. L'esforç i el pensament brillant del Louis els ha permès poder llegir llibres, diaris, cartells, fer càlculs i llegir partitures.

El Louis va fer molt per obrir el món a les persones cegues i parcialment cegues de tot el món.

HELEN KELLER

EUA

Als 19 mesos Hellen Keller va contraure una malaltia que la va deixar sorda i cega. Quan va fer 6 anys els seus pares van contractar Anne Sullivan perquè la cuidés, i ella li va ensenyar els noms dels objectes i com escriure'ls fent servir els dits. Després, li va ensenyar a llegir els llavis de la gent a través del tacte, a llegir Braille i a parlar. La Helen va ser la primera persona sorda i cega que es va llicenciar i va acabar sent activista, oradora i una autora reconeguda.

BRAILLE BRILLANT

Alguna vegada has vist o has tocat alguna cosa escrita en Braille? Imagina que aquests puntets són petits bonys. Tocant cada grup de bonys es poden «llegir» les lletres:

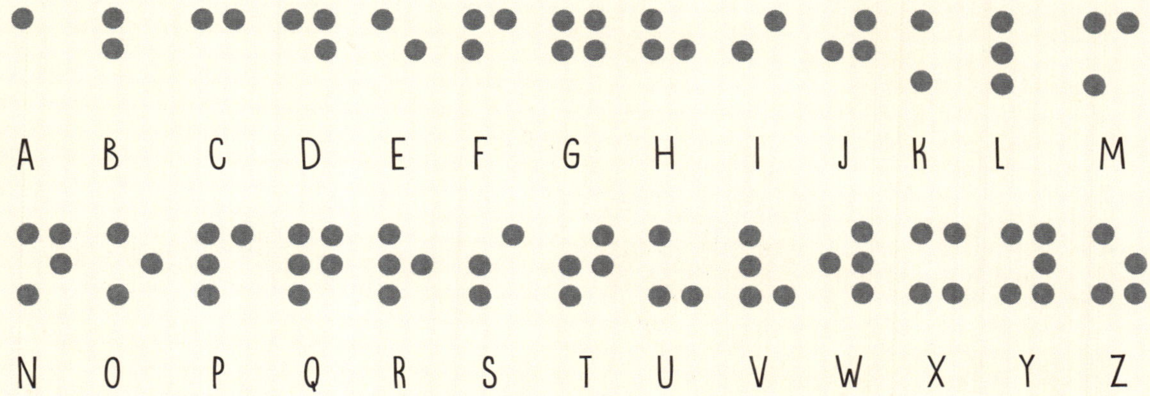

COM ENVIAR UN MISSATGE XIFRAT

EL XIFRATGE DE CÈSAR

Cada lletra de l'alfabet està representada per una lletra diferent.

A	B	C	D	E	F	G	H	I	J	K	L	M	N	O	P	Q	R	S	T	U	V	W	X	Y	Z
D	E	F	G	H	I	J	K	L	M	N	O	P	Q	R	S	T	U	V	W	X	Y	Z	A	B	C

1. Escriu totes les lletres de l'alfabet en una línia.
2. A sota torna a escriure-hi l'alfabet, però començant per la quarta lletra, de manera que just a sota la A hi hagi la D, sota la B, la E, etcètera. En arribar al final afegeix la A, la B i la C sota la X, la Y i la Z. I ja podràs enviar un missatge xifrat.
3. Escriu un missatge a un amic fent servir les lletres del segon alfabet i fixa't en quant triga a desxifrar-lo. Així:

DTXHVW HV XQ PLVVDWJH VHFUHW!

(Aquest és un missatge secret!)

4. Si corres l'alfabet més espais crearàs un nou codi. O també pots fer servir nombres en lloc de lletres. A veure si tu i els teus amics podeu desxifrar els vostres codis.

L'ESGARRIFOSA HISTÒRIA DE

BETHANY HAMILTON

EUA

Feia un dia perfecte per lliscar per les onades. Bethany Hamilton remava mar endins sobre la seva taula de surf. Es trobava a la seva platja preferida, Tunnels Beach, a la preciosa illa hawaiana de Kauai, amb l'Alana, la seva millor amiga, i el pare i el germà de l'Alana. La Bethany tenia 13 anys i era una surfista excel·lent, que competia des dels 8 anys.

A HAWAI EL SURF ÉS UNA FORMA DE VIDA!

Estava estirada sobre la taula, relaxant-se. Mentre esperava una onada gran, tenia el braç esquerre remullant-se dins l'aigua. El mar brillava sota el sol, era preciós. Però, tot d'una, una silueta fosca la va agafar violentament pel braç i la va estirar sacsejant-la. Amb la mà que tenia lliure es va agafar amb força a la taula per no enfonsar-se. De sobte, la figura va desaparèixer. Es va començar a formar una piscina vermella al seu voltant: sang. «M'ha atacat un tauró», va pensar. Va demanar auxili. L'Alana i la seva família van nedar ràpidament fins a ella. I van veure horroritzats que el tauró li havia arrencat el braç i que estava perdent molta sang. Desesperat per parar l'hemorràgia, el pare de l'Alana va fer un torniquet al monyó del braç de la Bethany amb la corretja de la taula de surf. Tot i que probablement això li va salvar la vida, quan va arribar a l'hospital havia perdut el 60% de la sang del cos.

ESTAVA EN XOC.

Casualment, el pare de la Bethany era a l'hospital, l'anaven a operar del genoll, però en lloc d'ell va ser la Bethany qui va entrar al quiròfan. Els metges es van posar a treballar per curar-li la ferida. Després, als investigadors els va arribar una foto d'un

tauró tigre de quatre metres de llarg que havia estat capturat a prop d'on la Bethany va ser atacada. Tenia una boca de 43 cm de diàmetre i la dentadura encaixava amb les marques de la taula de surf de la Bethany.

LA BETHANY ES VA RECUPERAR DE MANERA SORPRENENT.

La majoria de la gent, després de viure una experiència tan terrible com aquesta, no tornaria mai al mar, però la Bethany no. Un mes després tornava a estar sobre una taula de surf, una feta especialment per a ella, amb un mànec per a la mà dreta. Enfilar-s'hi i controlar la taula amb només un braç no va ser fàcil, però la Bethany no es va rendir.

Menys de tres mesos després de l'atac, va participar en una gran competició de surf. Des d'aleshores la Bethany ha destacat molt com a surfista i ha pujat al podi de moltes competicions esportives. Ha rebut premis pel seu coratge i el seu compromís, i s'ha guanyat l'admiració de tothom del seu voltant.

La Bethany és una veritable supervivent.

COM ENFILAR-SE A UNA TAULA DE SURF

1. Estira't de bocaterrosa sobre la taula.
2. Col·loca els palmells de les mans al mig de la taula.
3. Aixeca el tronc.
4. Salta amb rapidesa, duent els peus sota el cos, de manera que el teu cos quedi paral·lel a la taula.
5. Si ets dretà, el peu dret hauria de quedar-te a la part del davant de la taula, i viceversa.
6. Mantingues els genolls lleugerament doblegats.

COM TRACTAR EL XOC

El xoc es una situació perillosa en què la sang no flueix prou. Alguns símptomes són:

Pell freda i humida

Pal·lidesa

Respiracions i pulsacions ràpides

Confusió i mareig

Nàusees i vòmits

SEGUEIX AQUESTS PASSOS:

1. Truca a urgències.
2. Estira la persona i aixeca-li les cames perquè li arribi més sang al cap.
3. Tapa la persona amb una manta o un abric.
4. No deixis que mengi ni begui res.
5. Si vomita, estira-la de costat per evitar que s'ofegui.

ATAC DE TAURÓ! QUÈ S'HA DE FER?

1. Si estàs a prop de la vora, neda cap a la sorra al més ràpid que pugis i surt de l'aigua. Si no pots, intenta calmar-te i queda't ben quiet. No esquitxis. El tauró pensarà que estàs ferit i guanyarà confiança.
2. Intenta col·locar-te de manera que l'esquena estigui protegida per roques o per algun altre banyista. Així podràs defensar-te per davant.
3. Si t'ataca, colpeja'l amb un objecte punxegut o amb el puny. Apunta'l als ulls, les brànquies o el nas.

PROTEGEIX-TE DELS TAURONS

Evita fer surf de nit o de matinada.

No esquitxis.

Mira si a la platja hi ha cartells amb avisos de taurons.

Sempre que puguis, fes surf en grup.

Evita les aigües tèrboles.

No portis colors llampants ni estampats.

Allunya't dels grups de foques, peixos i d'altres animals que mengin els taurons.

LA CÀMERA CREATIVA DE MOHAMAD AL JOUNDE

SÍRIA

«És clar, fes-li un cop d'ull», va dir el fotoperiodista oferint-li la càmera al nen.

El Mohamad va agafar la càmera amb compte. Pesava. No havia fet mai una foto. Com funcionava?

«Et puc ensenyar a fer-la servir», es va oferir l'home, que es deia Ramzi. Era un periodista que havia anat al campament on el Mohamad vivia per fer fotos de la gent.

«Sí, si us plau!», va dir, molt content. El Ramzi era molt bon professor i el Mohamad va aprendre molt de pressa. Al cap de poc, passava el dia fent fotos de tot el que el rodejava. La fotografia li va obrir els ulls al món. A través de la càmera tot era més interessant.

Ràpidament, la fotografia va passar a ser molt important per al Mohamad. Era més que una afició, era una manera d'expressar els seus sentiments i ser creatiu. No havia tingut l'oportunitat de fer cap d'aquestes dues coses. Dos anys abans, ell i la seva família van haver de marxar a la força de casa seva, a Síria, quan la vida de la seva mare es va veure amenaçada per la guerra. Ara vivien al camp de refugiats de la vall de Bekaa, al Líban, i no tenien res. El Mohamad abans tenia una casa bonica, una infantesa feliç i molts amics a l'escola. D'ençà que era al camp de refugiats no anava a l'escola i sentia una buidor molt gran. No podia anar en lloc ni tenia res a fer. Fins al dia que va agafar la càmera, s'emocionà i es va sentir ple d'idees.

Un dia, el Mohamad estava mirant els nens del campament. Els veia molt tristos i avorrits. I si fer fotos també els ajudava?, va pensar. I va decidir intentar-ho.

El Mohamad era amic de tots els nens, i els va ensenyar a fer servir la càmera.

Al cap d'uns mesos el Mohamad s'havia fet amic de tots els nens. Els va ensenyar a fer servir la càmera i els encantava fer fotos. Es va adonar que als nens no els agradava parlar de la seva vida, ni de les experiències doloroses a països devastats per la

guerra. I fer fotos del seu entorn els ajudava. Era divertit, creatiu i els permetia expressar-se. Els nens van aprendre a confiar en ell i es va convertir en el seu amic i professor. Jugaven, els explicava històries divertides i els feia riure. Que bé tornar a passar-s'ho bé.

Una cosa que el Mohamad trobava molt a faltar era l'escola. Al camp no n'hi havia, o sigui que els nens no tenien res a fer. Així, el Mohamad, amb només 12 anys, va decidir fer alguna cosa i va engegar la seva pròpia escola.

Va començar sol en una tenda de campanya amb un grupet de nens. Ensenyava matemàtiques i fotografia als més petits, i altres voluntaris del campament feien altres classes, com anglès. Amb l'ajuda de la seva família, l'escola va créixer i al final els van donar un espai adequat per fer les classes. Al cap de poc l'escola tenia més de dos-cents nens i professors qualificats.

El Mohamad sap què és perdre-ho tot, arribar a un país nou i haver de tornar a començar. A través del seu amor per la fotografia, es va proposar canviar la situació en què molts infants viuen. Els ha ensenyat a ser creatius, a tenir confiança en ells mateixos i a gaudir de la infantesa.

El Mohamad vol que tothom sàpiga que l'educació és la clau de la llibertat.

I ARA, QUÈ FA?

El 2017, el Mohamad va rebre el Premi Infantil Internacional de la Pau per la seva labor. Li va donar Malala Yousafzai, que havia rebut el mateix premi l'any 2013.

COM FER FOTOS IMPRESSIONANTS

NO ET CAL UNA CÀMERA CARA PER FER BONES FOTOS

1. Troba alguna cosa interessant per fotografiar. Pot ser una persona, un animal, un edifici o un objecte. Ves a un parc per fer bones fotos de la naturalesa.
2. Pensa on vols situar l'objecte a la foto. No cal que sigui al centre: prova en una cantonada, a dalt o a baix.
3. Sigues original i fes la foto des d'un angle diferent. Estira't a terra mirant cap amunt o cap avall.
4. Pensa en la llum. La millor llum per fer fotos és a primera hora del matí o al vespre. Fes la mateixa foto en diferents moments del dia per veure la diferència.
5. No omplis gaire la foto. L'espai buit del voltant farà ressaltar l'objecte. El fons pot ser el cel, aigua, gespa o una paret.
6. Sigues creatiu. Fes fotos amb reflexos de l'aigua, miralls o vidres. Experimenta amb la llum i les ombres.
7. Fes moltes fotos. Com més en facis, més fàcil et serà veure per què unes són millors que altres.

COM SER UN BON LÍDER

Consells per actuar com un líder

Confia en tu mateix i sigues simpàtic.

Fes contacte visual quan parlis amb la gent.

Posa't recte i tira les espatlles enrere. Caminar capcot no transmet seguretat.

Sigues positiu.

Busca solucions als problemes i actua.

Tingues present que cadascú té els seus propis punts forts i que, per tant, tothom pot contribuir de maneres diferents.

EL SUPERB SWING DE

PRATIMA SHERPA

NEPAL

«He guanyat! Mama, papa, he guanyat!», va crida la Pratima mentre aixecava el trofeu. Amb només 11 anys acabava de guanyar el seu primer torneig de golf, vencent trenta competidors. La mare tenia els ulls plens de llàgrimes, n'estava molt orgullosa.

NO VA PENSAR MAI QUE LA SEVA FILLA PODRIA SER CAMPIONA DE GOLF.

Encara que el golf era una part molt important de les seves vides, jugar-hi no ho era. Els pares de la Pratima treballaven al Club Reial de Golf nepalès. Es passaven el dia tallant i regant la gespa perquè la gent que s'ho podia permetre hi jugués.

La llar de la Pratima i la seva família era una caseta magatzem que hi havia prop del forat 4. No tenien aigua potable i havien de compartir l'espai amb els tallagespes. La Pratima havia nascut en aquella casa i el golf la fascinava des de petita. De nena mirava els jugadors i es moria de ganes de jugar.

ALS 17 ANYS JA HAVIA GUANYAT 33 TORNEIGS DE GOLF.

Finalment, es va enfilar a un arbre, va agafar una branca i li va demanar al seu pare que li fes un pal de golf. L'home la va tallar el millor que va saber, simulant un pal de golf.

La Pratima es passava hores i hores practicant el seu *swing* amb aquell pal casolà i pilotes que s'havia trobat pel camp. Estava molt il·lusionada. Es llevava d'hora cada dia, donava menjar a les cabres i les gallines i practicava golf abans d'anar a l'escola.

FINS I TOT DURANT L'ÈPOCA DELS MONSONS SORTIA A PRACTICAR.

La gent va començar a fixar-se en la nena que practicava *swings* al costat del camp. Veien que tenia talent. Un dels professors de golf va quedar tan impressionat que va començar a fer-li classes de franc. Un altre membre del club li va regalar un autèntic joc de pals de golf.

El 2017, una família dels Estats Units la va convidar a passar l'estiu amb ells jugant a golf, i la Pratima va anar de viatge per primera vegada. Va aprendre'n molt i des d'aleshores no ha parat de millorar. Als 17 anys, ja havia guanyat 33 torneigs de golf.

Fins i tot Tiger Woods, el famós campió de golf, va fer-li una classe particular. La Pratima sempre n'havia estat una gran fan, i ara, gràcies al seu esforç i la seva dedicació, els seus somnis s'estaven fent realitat.

La caseta on vivia la seva família ara està plena de trofeus i ella és una de les millors golfistes del Nepal. Les noies no tenen gaires oportunitats al Nepal, però la Pratima ho està canviant. Vol jugar a golf representant el seu país per tal de fer-lo important en l'esfera internacional del golf.

COLPEJA LA PILOTA COM UN PROFESSIONAL

1. Pren-te el teu temps. Pensa on vols que vagi la pilota. Vigila amb els bonys, les baixades i els sots.
2. Col·loca't bé. Relaxa't i posa't de costat al forat, amb el pes ben repartit entre els dos peus.
3. Agafa el pal amb fermesa, però sense estrènyer-lo més del compte. Si estrenys massa tensaràs les espatlles.
4. No moguis les mans ni els canells. Mou suaument les espatlles i colpeja.
5. Mantén e control. És fàcil posar-se nerviós, sobretot si vols colpejar la pilota en una pujada. Si veus que mous massa els braços, posa't un guant sotc l'aixella que estigui més a prop del forat i deixa-l'hi mentre colpeges la pilota.
6. La pràctica fa el mestre. Clava dos *tees* al terra, a una distància d'uns 10 cm entre ells, i intenta passar la pilota pel mig. Això pot ser fins i tot més difícil que ficar la bola en un forat. Si ho practiques, després els forats del camp et semblaran molt més grossos!

FES UN PUTTING GREEN *PER PRACTICAR*

Pots fer-te un senzill *putting green* per practicar a casa. Has de fer el següent:

1. Busca un lloc, interior o exterior, on no hi hagi res a terra ni res que es pugui trencar.
2. Col·loca uns quants gots de plàstic estirats a terra. Pots posar-los una pedra dins perquè no es moguin.
3. Intenta ficar la pilota dins els gots.
4. Pots incrementar la distància entre tu i els gots per complicar-ho encara més.

KATHRINE SWITZER

EUA

El 1967 Katherine Switer va ser la primera dona de córrer a la marató de Boston, quan les dones encara no hi podien participar. S'hi va apuntar amb un nom que no denotava gènere (K. V. Switzer) i va poder començar la cursa sense cap problema. Quan era a prop de la quarta milla, uns policies van veure que hi havia una dona corrent i van intentar parar-la, però per sort dos dels corredors la van ajudar a escapar i va poder acabar la cursa. La Katherine va demostrar que el gènere de cadascú no té res a veure amb ser un corredor seriós. Al cap de cinc anys, finalment, es va permetre que les dones poguessin córrer oficialment a la marató de Boston.

LA VIDA INSPIRADORA DE

KEVIN BREEL

CANADÀ

«I ara, un nouvingut. Si us plau, un fort aplaudiment per a... Kevin Breel!».

El Kevin va agafar aire i va pujar a l'escenari mentre intentava recordar el primer acudit. Estava nerviós. «Per què ho faig», pensava. No era un lloc gaire gran, tan sols un bar vell d'un hotel. I la sala estava mig plena. Però no importava. Va recordar per què era allà. Volia fer riure la gent. Volia tornar a somriure, fer broma i gaudir de la vida. Fer monòlegs no era només per entretenir la gent, també l'ajudava a ell.

Veient com explicava acudits costava creure que patís depressió. Tan sols uns mesos abans havia intentat llevar-se la vida. Rebobinem a febrer del 2011: el Kevin, de 17 anys, es a la seva habitació escrivint una carta. Comença demanant perdó a la seva mare i la seva germana. És una carta de comiat.

Els intentava explicar per què s'odiava a si mateix i perquè creia que la vida no tenia cap sentit. Va estar mitja hora escrivint tot allò que sentia sobre el paper. Quan va acabar, estava molt cansat i li feia mal la mà. Però el fet d'escriure-ho el va ajudar a veure què era el que estava provocant que es plantegés una cosa terrible. Era por. «Realment tinc tanta por de viure que prefereixo morir abans d'enfrontar-me a les meves pors?», va pensar. Es va posar a plorar.

SABIA QUE NO PODRIA SEGUIR AMB EL SEU PLA.

La majoria de la gent no s'hauria cregut que el Kevin patia depressió. Per fora semblava segur de si mateix, divertit i popular. Però tothom pot patir depressió, encara que no ho sembli, i el Kevin va començar a capficar-se cada vegada més pensant que la gent veuria com era realment. Tenia por de parlar-ne i la seva desesperació, amb el temps, va empitjorar. Fins que va tocar fons.

AQUELL VA SER EL PUNT D'INFLEXIÓ.

El Kevin sabia que necessitava ajuda i va començar a anar a un terapeuta. Parlar de la seva depressió ho va canviar tot. Amb el temps i molta determinació va començar, a poc a poc, a acceptar-se i estimar-se.

Des d'aleshores ha acabat l'institut i ha fet realitat el seu somni de ser humorista. També ha ajudat moltes persones amb depressió. Als 19 anys va fer una xerrada TED anomenada «Confessions d'un còmic deprimit», la qual, amb més de quatre milions de visites, es va convertir en una de les xerrades TED més vistes de la història. El 2015 va ser nomenat un dels millennials més influents del món. Quin èxit!

I ARA, ON ÉS?

Ara el Kevin té 23 anys, es un humorista premiat, activista per la salut mental i escriptor. Espera que el seu llibre *Boy Meets Depression (Noi coneix depressió)* ajudi altres joves com ell.

MERAVELLOSES XERRADES TED

Una xerrada TED és un discurs curt, però potent, fet per qualsevol persona qui tingui una idea que pugui ajudar a canviar vides de manera positiva. És una comunitat global online que tracta «idees dignes de difondre». Les sigles TED volen dir «Tecnologia, Entreteniment i Disseny», però es tracten tot tipus de temes i en més de cent idiomes.

AIXÍ QUE CREUS QUE ETS UN HUMORISTA?

La manera com s'explica un acudit ho és tot. Practica davant d'amics i familiars per saber quan has de deixar anar la broma final. Saber quin és el moment just és el més important.

Practica l'inici. Si comences l'actuació amb una bona broma et ficaràs el públic a la butxaca des del començament.

Assaja. Pots fer-te notes per recordar l'ordre en què vols explicar els acudits.

Escriu els teus propis acudits. Inspira't en allò que t'envolta i mira si hi pots afegir un gir graciós.

Troba el teu propi estil. Hi ha molts tipus de còmics i d'humor. Troba el que més t'agradi i comença per aquí.

ESCRIURE UN DIETARI

Escriure un dietari pot ser beneficiós. Fins i tot pot ajudar a endreçar-te les idees, pots deixar-te endur per la creativitat i dedicar-hi el temps que tu vulguis. Aquí tens alguns consells que t'ajudaran a començar:

- Hi ha molts tipus de dietaris; per tant, comença pensant quin t'agradaria fer. Pot ser un ple d'agraïments, idees o simplement un lloc on escrius tot allò que et ve al cap.
- Troba un lloc on escriure. Has de poder relaxar-te i estar còmode. Pot ser a la teva habitació, a la biblioteca o fins i tot en un parc.
- Troba el moment idoni per escriure. Potser et vindrà de gust fer-ho només llevar-te, o potser prefereixes reflexionar sobre el dia abans d'anar a dormir.
- No et pressionis per escriure-hi cada dia. Troba el ritme que et vagi bé. Pot ser cada dia, una vegada al mes o quan et vingui de gust.
- Recorda: no cal que només escriguis. Pots gargotejar, dibuixar, o el que vulguis.

LES COLORIDES CREACIONS DE

FRIDA KAHLO

MÈXIC

L'autobús va balancejar-se cap a un costat en tombar la cantonada. La Frida i el seu xicot, l'Alejandro, es van agafar l'un a l'altre rient, mentre intentaven no caure sobre els passatgers que anaven asseguts. Els seus somriures es van convertit en pànic quan van sentir un gran soroll. L'autobús va tremolar, va caure cap a un costat, tot va rebentar: trossos de vidre, fusta i metall pertot arreu. La gent xisclava i cridava demanant auxili. Alguna cosa va colpejar la Frida a l'estómac i va sentir un mal terrible. Abans de poder cridar, es va fondre tot a negre.

Dies després, la Frida, de 18 anys, va obrir els ulls. Es trobava en un llit d'un hospital. No es podia moure i tot el cos li feia molt mal. Els metges li van explicar que l'autobús on anava havia xocat contra un tramvia i que havien mort unes quantes persones. Una barana d'acer li havia perforat l'abdomen i li havia fracturat la columna i danyat diversos òrgans interns. S'havia trencat la pelvis, les costelles, una cama, la clavícula i tenia el peu dret completament esclafat. Però era viva.

Essent encara molt jove, la Frida ja s'havia enfrontat a molts problemes. Va néixer el 1907 en una família pobra dels afores de Ciutat de Mèxic i amb 6 anys va tenir una malaltia anomenada pòlio, que la va deixar coixa d'una cama. L'accident d'autobús li va deixar seqüeles encara pitjors. Va passar mesos amb tot el cos enguixat i va patir dolor tota la vida. Va haver de passar anys al llit.

PERÒ LA FRIDA NO VA RENUNCIAR MAI ALS SEUS SOMNIS.

Sempre havia volgut pintar, però no es podia posar dreta ni sortir a fora a veure coses interessants. Un dia va pensar una manera que potser ho faria possible. Li va demanar a la seva mare que li portés pintures, pinzells, un cavallet petit i un mirall gran. La seva mare ho va col·locar tot perquè la Frida hi pogués arribar. Va veure el seu reflex al mirall: una dona de cabells foscos impressionant, embenada de cap a peus. Estava preparada per pintar. Com que no es podia moure del llit va decidir pintar allò que millor coneixia: ella mateixa.

Es va acabar convertint en un dels artistes més coneguts de Mèxic.

Els seus colorits quadres són coneguts arreu del món i valen milionades. El 2016 se'n va vendre un per 8 milions de dòlars, i ella ha esdevingut una icona del feminisme i la identitat mexicana.

La Frida no es va rendir mai, malgrat que sempre va patir dolor. Volia expressar els seus sentiments a través dels seus quadres i va dedicar la seva vida a l'art. Molts dels quadres són autoretrats. Mostren la Frida a molts llocs: al llit, en una cadira de rodes, en un autobús i fins i tot als seus somnis. Estan plens de vida i color. Li encantaven els colors vius de Mèxic, vestir-se amb roba vistosa i portar flors als cabells. Frida Kahlo estimava la vida, a pesar de tots els seus reptes i les adversitats.

COM FER UN AUTORETRAT

1. Agafa paper, llapis, una goma d'esborrar i un mirall.
2. Observa la forma de la teva cara. És rodona, ovalada o llarga? Dibuixa la forma sobre el paper.
3. En llapis i fluix, divideix la teva cara en quatre parts iguals, dibuixant dues línies de punts perpendiculars. Això t'ajudarà a col·locar les faccions. Fitxa't que els ulls, en realitat, estan al centre del cap, en lloc de a dalt, com potser et pensaves.
4. Observa amb atenció la mida i la posició de les teves faccions i dibuixa-les sobre el paper.
5. Recorda, potser no quedarà perfecte a la primera i hauràs de fer canvis a mesura que vagis avançant.
6. Quan t'agradi com han quedat les teves faccions, esborra les línies de punts i afegeix-hi les orelles, els cabells i el coll.
7. I ara ja et pots esplaiar amb el color.

SIGUES INTEL·LIGENT AMB ELS COLORS

- Barrejant els colors primaris (blau, vermell i groc), aconseguiràs la majoria dels colors.
- Si barreges dos colors primaris n'obtens un de secundari. El vermell i el groc fan taronja, el blau i el vermell fan lila, i el blau i el groc fan verd. El to del color secundari depèn de la quantitat de color primari que hi posis.
- Si barreges dos colors secundaris, obtindràs un color terciari.
- Els colors complementaris es troben al costat oposat del cercle cromàtic. En combinar-se es creen contrastos molt vius.
- Els vermells, taronges i grocs són colors càlids. Els blaus, verds i liles són freds.
- El blanc i el negre van bé per aclarir o enfosquir altres colors. Afegeix-ne només una mica i fes-ho a poc a poc.
- Recorda que en barrejar colors només cal una petita quantitat de color fosc per canviar un color clar, però per aclarir un color fosc, necessites afegir-hi més quantitat de clar.
- Sigues valent i experimenta amb el color. Fixxa't en altres artistes i les seves combinacions de colors per aconseguir efectes. Ja veuràs quins resultats.
- Els llibres per acolorir són una manera divertida d'experimentar amb el color.

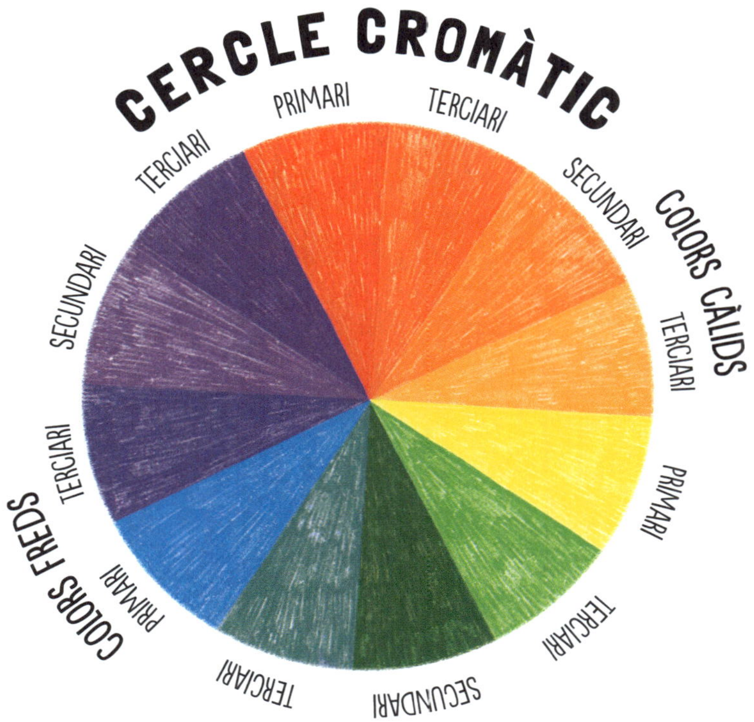

LA HISTÒRIA DE SUPERVIVÈNCIA DELS GERMANS NONA

AUSTRÀLIA

L'Stephen, de 12 anys, intentava desesperadament mantenir el cap per sobre les onades. Intentava no enfonsar-se al costat de les seves germanes, la Nortia i l'Ellis. Estaven pàl·lids i espantats, en un mar embravit que els balancejava, esforçant-se molt per seguir surant. A prop, hi havia la seva mare, el seu pare i el seu germà petit, agafats a l'única armilla salvavides que tenien.

«Nedeu cap allà», va cridar-los el pare assenyalant unes roques. Semblava que estaven molt lluny. Els germans no volien allunyar-se dels seus pares, però el pare hi va insistir. Sabia que els tres grans eren uns bons nedadors.

ARRIBAR A LES ROQUES ERA L'ÚNICA POSSIBILITAT QUE TENIEN DE SOBREVIURE.

«Som-hi», va dir l'Ellis, el gran. «Nedem. Amb calma». Sabien que hi havia taurons i no volien cridar-los l'atenció. Tots tres van començar a nedar. L'Stephen es va girar per veure si els pares i el germà petit els seguien, però s'havien quedat allà, agafats a l'armilla salvavides.

Abans de l'accident, els nens es dirigien amb els seus pares en barca cap a una festa d'aniversari. Vivien a l'illa de Badu, que forma per de les illes de Torre Strait, al nord d'Austràlia. La festa se celebrava a l'illa de Thursday, que estava a dues hores amb barca. El desastre va passar a mig camí. El motor de la barca es va espatllar i les onades se la van endur. La barca va bolcar i tota la família va caure a l'aigua.

ARA ELS SEUS PARES JA NO HI EREN I ERA ATERRIDOR.

Va ser un trajecte dur i llarg: van trigar tres hores a arribar a les roques. Era un espai molt petit, de tres metres

d'amplada. Van pujar-hi i es van aferrar els uns als altres, tremolant mentre les onades trencaven contra les roques.

Van estar tres dies esperant a ser rescatats. La set va ser el pitjor. No va ploure, no tenien aigua i només havien pogut menjar unes quantes ostres que havien trobat a les roques. Es van adonar que no podien seguir allà. En la distància veien una illa i sabien que havien d'intentar arribar-hi. «Hem de nedar, o morirem» va dir l'Stephen.

Els tres germans es van submergir a l'aigua i van nedar fins a l'illa. Van sortir pel matí i no van arribar-hi fins a la tarda. L'illa estava deserta i tenia la mida d'un camp de futbol. Però hi havia un palmera. Van córrer-hi per agafar cocos i van arrencar-ne la closca amb les dents. Després de tres dies sense aigua, el suc del coco tenia un gust boníssim!

L'Ellis, l'Stephen i la Nortia van passar uns altres tres dies a l'illa, quan de sobte van veure una cosa en la distància que se'ls acostava. Era el seu oncle en barca. Els nens van córrer cap a ell, plorant, mentre arribava a la vora. Estaven morts de gana, de set i molt dèbils. Havien treballat en equip, s'havien cuidat els uns als altres, fent servir els coneixements que tenien de les illes. I havien aconseguit sobreviure sis dies sols. Van ser aclamats pel seu coratge i la seva valentia.

QUÈ HAS DE FER SI LA TEVA EMBARCACIÓ BOLCA

La teva embarcació ha bolcat i t'has quedat enmig del mar sense armilla salvavides. Això és el que cal que facis:

- L'aigua podria estar molt freda i això podria provocar-te un xoc, el qual cal evitar.
- Aguanta't les ganes de nedar fins que la temperatura corporal se t'hagi adaptat. Això trigarà uns 90 segons.
- Per fer-ho estira't boca amunt, flotant sobre l'esquena i recupera l'alè. Mou els braços i les cames per mantenir-te surant.
- La roba també pot ajudar-te a surar, ja que entre les capes hi queda aire atrapat. Com menys et moguis més aire hi quedarà.
- Quan t'hagis adaptat a la temperatura de l'aigua, pots començar a fer senyals d'auxili o a nedar cap a la vora.
- Recorda: si pots, porta sempre una armilla salvavides.

FES UN SENYAL D'AUXILI

Si alguna vegada estàs perdut o ferit i necessites que et rescatin, rebre ajuda ha de ser una prioritat i per fer-ho has de cridar l'atenció. Ara bé, no facis mai un senyal de rescat si realment no ho necessites.

- Un foc es una molt bona manera de cridar l'atenció. Durant el dia recull fulles i herba humida perquè faci molt fum, i a la nit, crema fusta més seca perquè faci un foc més brillant. Assegura't de fer el foc en una zona on no hi hagi herba seca o arbres; cal evitar els incendis forestals.

- Tres focs en forma de triangle és un senyal SOS internacional.
- També pots col·locar objectes a terra, com roques, fusta o qualsevol material reflectant que trobis i escriure SOS o fer un triangle. Així podràs alertar els helicòpters o els avions que sobrevolin la zona.

- Fes servir una lot o qualsevol objecte reflectant per apuntar llum cap a les persones o vehicles que intentis atraure. Tres pampallugueigs curts, tres llargs i tres curts volen dir SOS en Morse.

COM OBRIR UN COCO

1. La capa peluda de l'exterior es diu closca. L'has d'arrencar.
2. En un extrem del coco hi veuràs tres marques que semblen dos ulls i una boca.
3. Entre els dos ulls hauries de trobar-hi una «veta» o «costura». Segueix-la fins al mig del coco i imagina't una línia que rodeja la part més ampla.
4. Fes servir una roca per partir el coco per la línia imaginària. Després de donar-hi uns copets, hauria d'obrir-se pel mig.
5. Abans de menjar-te'l olora'l: si fa olor a passat o agre no te'l mengis. Si fa bona olor, pots beure'n l'aigua i, després, treure la «carn» blanca amb l'ajuda d'una pedra afilada o una petxina, i menjar-te-la.

LA BRAÇADA SENSACIONAL D'

ELLIE SIMMONDS

REGNE UNIT

L'Ellie va sortir disparada a l'aigua, boca avall, amb les cames colpejant fort i els braços llençant-la cap endavant amb un suau crol. Però no es tractava d'un entrenament qualsevol a la seva piscina de Swansea, al Regne Unit. Era a Beijing, la Xina, nedant per aconseguir el premi que tots els atletes cobegen: la medalla d'or. Sentia centenars de persones animant-la des de dalt. «Segueix, Ellie, vinga, tu pots», es deia a si mateixa amb el cor bategant-li molt de pressa. Estava tan concentrada que ni s'adonava què feien les altres nedadores. El seu únic objectiu era arribar a la paret de la piscina, el final de la cursa, ara només a vint metres.

VA AGAFAR AIRE
I VA POSAR TOTES LES SEVES FORCES
A L'ÚLTIMA BRAÇADA.

Va tocar la paret. Havia acabat. El públic va esclatar. L'Ellie seguia a l'aigua, esbufegant durant uns segons, sense saber qui havia guanyat. Va veure els seguidors onejant la bandera de la Union Jack i va sentir el seu nom pels altaveus, i aleshores es va adonar del que havia passat. Acabava de guanyar la medalla d'or dels Jocs Paralímpics del 2008.

Estava en xoc. No va poder evitar que se li acumulessin les llàgrimes. Només tenia 13 anys i era la competidora més jove de l'equip paralímpic britànic. I acabava de guanyar la cursa de 100 metres lliures.

Tots els atletes ho tenen difícil però per a l'Ellie havia estat més difícil que per a la majoria. Quan era un nadó li van diagnosticar acondroplàsia, que li va afectar els ossos i va impedir que tingues una alçada normal.

PERÒ L'ELLIE NO VA DEIXAR MAI QUE LA SEVA ALÇADA LA LIMITÉS.

Va començar a nedar als 5 anys i li encantava. Al cap d'uns anys va veure una competició paralímpica a la televisió i allò la va motivar. «Jo també ho vull fer», va pensar quan va veure la cara d'orgull del guanyador. I això és exactament el que va fer. Fins i tot va traslladar-se a Swansea, amb 11 anys, per rebre el millor entrenament possible. Va ser dur. Hores i hores de piscina cada dia, abans i després de l'escola, més els deures. Però com que era molt disciplinada, ho va aconseguir, cosa que la convertia en una autèntica atleta.

Tot l'esforç va tenir recompensa. L'Ellie va guanyar una altra medalla d'or a Beijing amb els 400 metres lliures. Ara tothom parlava d'Ellie Simmonds. Va sortir a la televisió i als pòsters dels Jocs Paralímpics de Londres 2012, on va tornar a aconseguir dues medalles d'or. I encara més: el premi de la BBC al jove esportista de l'any 2008, i l'excel·lentíssim Orde de l'Imperi Britànic de mà de la reina al palau de Buckingham. Tothom a la Gran Bretanya, també ella, se senten enormement orgullosos.

NEDA

Nedar és bo per al cor i els pulmons, enforteix els músculs i fa que mantinguis un pes adequat. Aquests consells t'ajudaran a convertir-te en un nadador ràpid i fort.

BOMBOLLEJA

Bombollejar ajuda els principiants a acostumar-se a tenir la cara dins l'aigua i a aprendre a controlar l'aire. A la piscina agafa aire, fica la cara a l'aigua, fes morros amb els llavis i treu l'aire bombollejant. Quanta estona pots aguantar?

CAÇA DEL TRESOR

Caçar tresors a la piscina és un bon exercici per aguantar la respiració. Demana a algú que deixi caure un pes a l'aigua i mira quant trigues a recollir-lo. Comença per la part menys fonda de la piscina i, a mesura que guanyis confiança, ves-te desplaçant cap al costat més fondo.

PONT SUBAQUÀTIC

Els ponts subaquàtics són una manera genial de nedar sota l'aigua i millorar el control. Demana a un amic que es posi dret amb les cames obertes allà on l'aigua li arribi al pit. Passa nedant per sota les seves cames, sense tocar-les. Potser ho hauràs de provar unes quantes vegades.

COM NEDAR CROL

1. Posa't boca avall a la superfície de l'aigua amb les cames ben estirades.
2. Pica amb els peus ràpidament. Esquitxaràs una mica. Has de tenir els genolls flexionats.
3. Alterna el moviment de cada braç, aixecant-lo per sobre el cap amb el palmell cap avall.
4. En ficar la mà a l'aigua mou-la cap enrere i així et desplaçaràs cap endavant. Intenta no esquitxar gaire.
5. Recorda respirar regularment. Gira la cara cap al costat, traient-la de l'aigua i agafant aire.

NEDA I GUANYA

- Hi ha quatre curses principals en les competicions de natació: esquena, braça, papallona i lliure.
- Lliure vol dir que pots fer servir l'estil que vulguis. S'acostuma a escollir el crol.
- Els nadadors olímpics i paralímpics han de recordar moltes normes. Per exemple, a l'estil lliure, el cap del nedador ha d'haver sortit a la superfície abans dels 15 primers metres i després de cada gir.

LA VIDA SECRETA DE PIERRE DEMALVILAIN

FRANÇA

«Alto!», va cridar en alemany el guàrdia que hi havia al costat del filferro. «Què hi fas aquí, noi?».

El Pierre es va girar d'una revolada. L'havien enxampat. El cor se li va accelerar. «Busco bolets, senyor», va dir, simulant innocència.

El guàrdia no semblava gaire convençut. «Vine amb mi!», va cridar. «Mou-te!».

El Pierre va haver de seguir el guàrdia fins a l'edifici on havia estat espiant. Tenia ganes de vomitar: els nazis el matarien? De sobte es van sentir més veus en alemany i el guàrdia es va espantar.

«Ràpid, amaga't allà», li va dir, ocultant el Pierre rere uns matolls. Les veus eren cada vegada més fortes i el Pierre va sentir com cridaven al guàrdia. Era perquè havia abandonat el seu lloc. El Pierre intentava veure tot el que podia entre les branques. Va albirar uns camions alemanys amagats sota unes xarxes de camuflatge i unes caixes de fusta que semblaven munició. «Molt interessant», va pensar.

Al cap d'uns minuts va aparèixer la cara del guàrdia entre els matolls.

«SURT!», VA XIUXIUEJAR.

El Pierre va respirar alleugerit. Va córrer amb totes les seves forces fins a la seva bicicleta i va pedalejar tan ràpid com va poder per allunyar-se del magatzem de bombes. Havia acomplert la seva missió. Li va anar de poc i havia tingut molta sort. Però va valer la pena. El que va descobrir aquell dia segurament va salvar moltes vides. Gran Bretanya era bombardejada per l'aviació alemanya i ara la Reial Força Aèria Britànica sabia on es guardaven les bombes. Al cap de poc temps van destruir el magatzem secret.

El Pierre tenia 13 anys quan els nazis van entrar a la seva ciutat natal, el port de Saint-Malo. Era juny del 1940 i Alemanya havia envaït França. El Pierre odiava estar sota el domini dels nazis. No va ser fins al dia que se li va acostar un home misteriós que va adonar-se que podia lluitar contra ells. El Pierre hauria d'haver estat en un refugi, però, en lloc d'això, estava observant la Reial Força Aèria Britànica des d'un lloc privilegiat. L'home el va interrogar. Volia saber si tenia bona memòria, si estimava el seu país i si podia guardar un secret. Totes les seves respostes van ser «Sí».

Va començar a recopilar informació sobre els alemanys. L'1 de juliol de 1941 va entrar a formar part de la Resistència Britànica-Francesa-Polonesa, coneguda com F2. Tenia 14 anys i la seva vida secreta com a espia acabava de començar. Com tots els agents tenia un nom clau especial: «Jean Moreau».

L'espionatge era perillós, però el fet de ser tan jove era una bona tapadora. Els nazis no sospitaven del Pierre, pensaven que era un nen que anava amb bici. No tenien ni idea que memoritzava detalls sobre les tropes alemanyes, els tancs, els avions i números de matrícula. Dibuixava molt bé i feia dibuixos molt precisos de tot el que veia.

A París entregava en secret els seus apunts a un altre agent de la Resistència, el Raymonde. Una vegada al mes deia als seus pares que anava a una trobada de *boy scouts*, però en realitat agafava el tren cap a la capital. Malgrat la seva valentia i el seu coratge, no podia explicar el que realment feia. Era un espia de debò.

QUÈ CAL PER SER ESPIA?

Ets valent? Espiar és perillós i et trobaràs en situacions arriscades, possiblement t'hauràs d'enfrontar a la mort.

Ets llest? Hauràs de superar l'enginy de l'enemic i aprendre noves habilitats amb rapidesa. Parlar idiomes ajuda.

Ets *geeky*? Els espies moderns fan servir molts aparells, com micròfons ocults. En sabries fer servir?

Ets creatiu? Hauràs de pensar ràpid i inventar-te bones coartades per sortir de situacions complicades.

Ets bon actor? Molts agents secrets tenen noms i identitats falses. Has de ser molt convincent per no ficar la pota.

Ets reservat? Els agents secrets no poden explicar mai a la família, ni als amics com es guanyen la vida. Series capaç de guardar un secret durant anys?

COM DESXIFRAR UN CODI

Segueix aquests passos per desxifrar un codi secret:

Busca seqüències de lletres o lletres que es repeteixin. Patrons recurrents poden ajudar-te a identificar el tipus de codi.

Fitxa't en el missatge al revés a veure si apareix alguna paraula.

Quan hagis desxifrat una lletra, apunta-la en majúscula sota el codi.

Intercanvia la primera i l'última lletra del codi, potser així t'acostaràs més a la solució.

BÚSTIA MORTA

Una «bústia morta» és una forma de comunicació segura i discreta entre espies. Permet que els espies no hagin de quedar per veure's en persona. Segueix aquests passos per muntar una bústia morta.

1. Pensa en un camí que facis sovint: potser passejant el gos o anant a casa d'un amic. Ningú sospitarà si vas a un lloc habitual.
2. Embolica el missatge amb una bossa de plàstic perquè no es mulli.
3. Escull un racó discret per deixar-hi la carta. Sorprenentment sovint val més deixar la carta en un lloc concorregut, com un parc o una cafeteria, que no pas en un racó secret on és més fàcil que cridi l'atenció d'algú.

LA LLUITA VALENTA DE JULIANA OSSA

EUA

La Juliana, que tenia 10 anys, va acostar-se al llac i hi va ficar els dits del peu.

Era un dia molt calorós i humit a Florida, Estats Units. Ella i la seva família eren a Moss Park, un lloc pintoresc d'Orlando, on turistes i gent local passen el dia. La Juliana es va ficar a l'aigua i li va agradar trobar-la tan fresqueta. Va jugar una mica i després va seure en una zona poc fonda per relaxar-se, amb les cames esteses cap endavant. S'hi estava molt bé i la Juliana gaudia de la calma.

DE SOBTE, MENTRE SOMIAVA DESPERTA, VA NOTAR UN DOLOR PUNXANT A LA PART INFERIOR DE LA CAMA.

Espantada va mirar l'aigua i va veure una silueta llarga i grossa al seu costat. Fos el que fos li estava mossegant la cama, molt fort. Era un al·ligàtor.

No podia creure's el que veia. Va colpejar la bèstia amb el puny, però l'al·ligàtor seguia aferrat a la seva cama amb aquella mandíbula gegant. No la deixava anar. Tanmateix, la Juliana no es va espantar. De sobte va recordar una cosa. En una visita recent a Gatorland, una reserva natural amb centenars d'al·ligàtors, li havien ensenyat moltes coses sobre aquests animals tan perillosos. El monitor els va explicar què fer si un al·ligàtor els atacava.

«Ves a pel seu nas». Va respirar fondo i amb totes les seves forces va ficar els dits al nas de l'al·ligàtor i va prémer. Va ser horrible. Però va funcionar. L'al·ligàtor va haver de deixar anar la cama de la Juliana per obrir la boca i poder respirar.

Quan la bèstia la va deixar anar, l'oncle de la Juliana, va córrer cap a ella mort de por i la va treure de l'aigua. La va portar a un lloc segur, a una taula de pícnic i van trucar a urgències. La Juliana estava en xoc.

VA ABAIXAR LA MIRADA
I VA VEURE LA SANG QUE LI BROLLAVA
DE LA CAMA.

Quan va arribar l'ambulància, li van curar les ferides i se la van endur cap a l'hospital. La Juliana tenia ferides profundes al genoll i la part inferior de la cuixa esquerra. Tenia sort de ser viva. La gent de l'ambulància que la va atendre van dir que havia estat molt valenta i molt tranquil·la. Els seus ràpids reflexos li havien salvat la vida. Va recordar i aplicar els consells que li havien donat.

Els forestals del parc van trobar l'al·ligàtor que l'havia atacat. Feia 2,6 metres de llarg, un veritable monstre. I l'esgarrifosa història de la Juliana va sortir als diaris i els telenotícies d'arreu del món.

COCODRIL O AL·LIGÀTOR?

S'ASSEMBLEN, PERÒ AIXÍ ÉS COM ELS POTS DIFERENCIAR:

El morro: Els al·ligàtors tenen el morro en forma de U. Els cocodrils el tenen més estret i en forma de V.

Les dents: Quan un al·ligàtor té la boca tancada normalment no se li veuen les dents de sota. A un cocodril, sí, sobretot la quarta dent.

Localització: Els al·ligàtors prefereixen l'aigua dolça, mentre que els cocodrils acostumen a viure a l'aigua salada.

Color: Els al·ligàtors solen ser d'un color gris fosc, i els cocodrils són més aviat marrons o verds.

RECORDA, RECORDA

Recordar informació útil pot ser difícil, però a vegades salva vides.

- **Fes-te notes** que puguis llegir quan ho necessitis.
- **Exercita la ment.** Com més practiquis la memòria, millor se't donarà recordar-te de les coses.
- **Fes servir la mnemotècnia.** Has d'atribuir a la primera lletra de cada paraula un significat diferent que t'ajudi a recordar la seqüència.

MNEMOTÈCNICA

Aquest exemple t'ajudarà a recordar els continents.

Nord-amèrica	**N**o
Sud-amèrica	**S**iguis
Àfrica	**A**trevit
Àsia	**A**mb
Europa	**E**ls
Antàrtida	**A**l·ligàtors
Oceania	**O**bcecats

ATAC D'AL·LIGÀTOR!

SÍ

- Si pots escapar-te, corre. Els al·ligàtors són ràpids, però només poden córrer distàncies curtes.
- Colpeja-li el morro, és la part més sensible del seu cos, i si pots intenta tapar-li el nas.
- Intenta colpejar-li l'ull, una altra de les seves parts sensibles.
- Fes tant soroll com puguis. Molts al·ligàtors marxen si crides molt.

NO

- No esquitxis en zones on hi hagi al·ligàtors.
- Ves molt amb compte quan es fa fosc, ja que és l'hora en què surten a caçar.
- La millor manera d'estar segurs és mantenir-se lluny del seu territori.

LA MELÒDICA HISTÒRIA DE

SHEKU KANNEH-MASON

REGNE UNIT

Els ulls del Sheku es van obrir quan la música va arribar a l'apoteosi final. Només tenia 6 anys, però des d'aquell moment va saber que volia tocar el violoncel.

Els seus germans grans tocaven instruments i sentir-los assajar feia que tingués moltes ganes de començar la seva carrera musical. El so del violoncel li agradava tant que no volia parar de tocar, i sempre estava assajant. Com a resultat de la seva dedicació, als 9 anys va aprovar l'examen del Grau 8 amb la nota més alta del país.

AIXÒ VA PASSAR NOMÉS TRES ANYS DESPRÉS D'HAVER COMENÇAT A TOCAR.

Eren set germans i tots tocaven instruments, cosa que costava molts diners als seus pares. El Sheku assajava moltes hores al dia. A vegades el seu pare es llevava el diumenge al matí i el sentia tocant al lavabo. S'esforçava tant que va guanyar una beca per a la Acadèmia Reial de Música. I un lutier li va deixar un violoncel de mida real, que els seus pares no s'haguessin pogut permetre perquè els hauria costat milers de lliures. Els dissabtes va començar a llevar-se a quarts de cinc del matí per agafar un tren des de Nottingham, on hi vivia, fins a Londres, per anar a les classes de violoncel a l'Acadèmia Reial.

Als 16 anys, deu anys després d'haver començat a tocar, va entrar al concurs de la BBC Young Musician of the Year, «Jove músic de l'any». I això li va canviar la vida. Va passar totes les proves i va arribar a la final. Aquesta seria una de les actuacions més difícils de la seva vida, ja que no només era mentalment esgotador, sinó que també era un repte físic. Havia assajat molt, però sabia que quan pugés a l'escenari havia d'estar calmat i concentrat. Va ser una competició molt dura. Hi participaven els joves músics amb més talent del país i el Sheku sabia que tots havien assajat molt.

El Sheku ho va fer el millor que va poder, va tocar el *Concert per a violoncel n.* 1 del seu compositor preferit, Shostakovich. Va tocar

l'última nota, va respirar fondo i va aixecar el cap per mirar el públic que l'aplaudia.

Esperar la decisió dels jutges era molt inquietant.

«I EL GUANYADOR ÉS... SHEKU KANNEH-MANSON». EL PÚBLIC VA ESCLATAR EN APLAUDIMENTS.

Des d'aleshores el Sheku no ha parat de tocar, i fins i tot li van demanar que toqués al casament del príncep Harry i Meghan Markle. Ara estudia música i sap que la clau del seu èxit és l'accés que des de petit va tenir a la música. Ha donat més de 3.000 lliures a la seva antiga escola per subvencionar les classes de violoncel. I avui dia gaudeix tant dels petits com dels grans recitals que fa, ja que sap que tocar davant dels nens a les escoles els dona l'oportunitat d'experimentar la música com ho va fer ell. Està compromès a motivar els nens a tocar instruments.

LA PRÀCTICA FA EL MESTRE

Aprendre a tocar un instrument requereix temps i pràctica. Aquí tens alguns consells per assajar com el Sheku:

- Toca a poc a poc, seguint el tempo però lentament.
- Grava't per després escoltar-te. Així et podràs autoavaluar.
- Inventa't els teus propis exercicis per escalfar.
- Escolta les peces que estàs aprenent tocades per altra gent, així entendràs millor la música.

L'ORQUESTRA

1. Violí
2. Viola
3. Violoncel
4. Contrabaix
5. Arpa
6. Xilòfon
7. Timbales
8. Bombo
9. Caixa
10. Castanyoles
11. Gong
12. Piano de cua
13. Platerets
14. Trompeta
15. Tuba
16. Trombó
17. Trompa
18. Corneta
19. Flauta
20. Flautí
21. Clarinet baix
22. Clarinet
23. Corn anglès
24. Oboè
25. Fagot
26. Contrafagot

INSTRUMENTS

LA VIDA A LES ALTURES D'

AYESHA FAROOQ

PAKISTAN

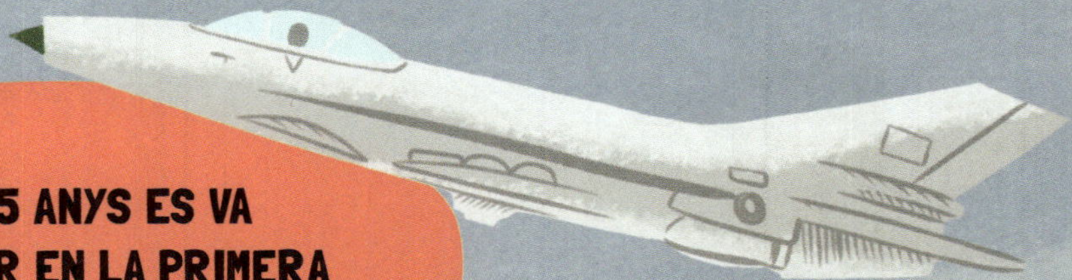

ALS 25 ANYS ES VA CONVERTIR EN LA PRIMERA PILOT DE COMBAT DEL PAKISTAN.

L'Ayesha va dir una petita oració mentre accelerava per la pista d'envol. Era la primera vegada que volava sola, sense cap instructor que la vigilés o li digués què havia de fer.

«DUC EL COMANDAMENT», ES VA DIR A SI MATEIXA. «TINC EL CONTROL DE L'AVIÓ».

Es tractava d'un caça F-7PG, un elegant avió de propulsió d'última generació. I l'Ayesha tenia una bona raó per felicitar-se a si mateixa. Amb 25 anys era la primera pilot de combat del Pakistan. Era la feina dels seus somnis i després de dos anys de molt esforç ho havia aconseguit.

Ayesha Farooq va créixer a Bahawalpur, Pakistan. La majoria de les noies del seu poble no s'haguessin plantejat mai ser pilots, però l'Ayesha era diferent. No li agradava jugar a casa, preferia sortir al carrer i jugar a futbol o a criquet. El seu pare havia mort quant tenia 6 anys i la seva mare les va criar a ella i a la seva germana petita perquè fossin unes noies fortes, cosa que va ensenyar a l'Ayesha que podia superar tots els reptes que es proposés. Mai no va dubtar que seria pilot, amb tots els seus oncles i cosins, els quals eren oficials de les forces aèries pakistaneses. Tot i això, els seus oncles no hi estaven d'acord, perquè deien que ser pilot era només cosa d'homes.

L'Ayesha sabia que això no era veritat i estava decidida a fer realitat el seu somni. Així que quan va acabar l'escola es va apuntar a l'acadèmia pakistanesa de les forces aèries per rebre formació. Els exàmens eren molt difícils, però l'Ayesha els va aprovar tots i llavors va poder començar les pràctiques. Va ser dur.

Els pilots de pràctiques havien de llevar-se cada dia a les 4.30 del matí per sortir a córrer. Havien de dur armes pesades a sobre durant moltes hores al dia. Va aprendre a saltar d'un avió en cas d'emergència i com sobreviure a un aterratge d'emergència sobre aigua i sobre terra. I, per suposat, va aprendre a pilotar un avió de combat. Això comportava tenir moltes habilitats tècniques, ja que els pilots han de ser experts a controlar tant l'avió com les seves armes. Tots els pilots de combat han d'estar preparats per anar a la guerra si el seu país ho necessita. Era tan poc habitual que les dones acabessin la formació que algunes bases d'entrenament no tenien ni lavabo per a dones.

L'any 2013, l'Ayesha es va treure el títol i va se nomenada lloctinent d'aviació. Era un assoliment gegantí en un país on moltes nenes ni tan sols van a l'escola. Gràcies a dones com l'Ayesha, al Pakistan les coses estan començant a canviar per a les nenes. Ara hi ha més de tres-centes dones a les forces aèries pakistaneses, tot i que molt poques són pilots.

L'Ayesha sempre va voler demostrar que les dones i els homes podien fer les mateixes feines i ara ha esdevingut un model a seguir per a les nenes, les quals li demanen com poden ser pilots. I ella està encantada d'explicar-los-ho.

O SIGUI QUE VOLS SER PILOT?

Aquestes són algunes de les habilitats que s'han de tenir:

Ser bo en matemàtiques i física.

Entendre com funciona un avió.

Tenir bona capacitat de comunicació.

Tenir una vista excel·lent i bona coordinació mà-ull.

Gaudir de dur el comandament i de formar part d'un equip.

Tenir reflexos ràpids i saber prendre decisions sota pressió.

VOCABULARI DE RÀDIO

El vocabulari de ràdio són paraules que s'usen per a la comunicació via ràdio. Aquestes frases són útils de saber:

Mayday: Ajuda.

Roger, out: Marca el final de la comunicació.

Ten-four: Confirma que has entès el missatge.

Sit-rep: Vol dir «informa de la localització», per a quan cal saber on és algú o si hi ha ferits.

PARLA COM UN PILOT

L'alfabet fonètic de l'OTAN es fa servir internacionalment perquè la gent pugui comunicar-se de manera que ho entengui tothom.

Alfa	Juliet	Sierra
Bravo	Kilo	Tango
Charlie	Lima	Uniform
Delta	Mike	Victor
Echo	November	Whiskey
Foxtrot	Oscar	X-ray
Golf	Papa	Yankee
Hotel	Quebec	Zulu
India	Romeo	

PERSEGUEIX ELS TEUS SOMNIS

Fes una llista amb totes les coses que vulguis aconseguir. T'ajudarà a marcar els teus objectius.

Marca't objectius grans i ambiciosos, però divideix-los en deures més petits de manera que siguin fàcils d'assolir.

No et distreguis amb facilitat.

Demana ajuda. Potser els amics i els familiars poden donar-te bons consells.

Sigues una persona decidida i no et rendeixis. Potser t'hauràs d'enfrontar a alguns reptes, però no permetis que et barrin el pas.

PER ALS EXTRAORDINARIS NIA I RHIAN YATES!

S'ha fet tot el possible per exposar aquestes històries amb la màxima exactitud. Qualsevol error o omissió que s'hagi produït ha estat involuntari. Si algú vol fer alguna consulta o aportació, el convidem a escriure als editors, per tal que es puguin afegir correccions en les properes edicions d'aquest llibre.

ADVERTÈNCIA: Moltes de les situacions narrades al llibre comporten grans riscos que poden produir lesions greus o fins i tot mortals. Els lectors no haurien d'aventurar-se en cap d'aquestes situacions sense haver rebut prèviament formació professional, haver fet pràctiques o tenir una supervisió apropiada.

L'editor i l'autor renuncien a qualsevol responsabilitat, fins a on permeti la llei, que tingui a veure amb accidents, lesions o pèrdues que es puguin ocasionar com a resultat de l'ús o mal ús de la informació que es dona en aquest llibre. Cal que prevalgui el sentit comú, sobretot en situacions en les quals hi hagi foc o objectes afilats presents, com també cal tenir precaució i seguir els consells dels adults responsables. Dit això, adquirir noves habilitats és divertit, i fins i tot algun dia poden resultar útils.

Publicat per primera vegada a Gran Bretanya el 2019
per Buster Books, un segell de Michael O'Mara Books Limited, 9 Lion Yard,
Tremadoc Road, London SW4 7NQ.
Av. Diagonal, 662-664, 08034 Barcelona
www.estrellapolar.cat

Primera edició: novembre del 2019
ISBN: 978-84-9137-871-6
Dipòsit legal: B. 20.324-2019
Imprès a Espanya